GOLDMANN
Lesen erleben

*Buch*

Das Ende einer Beziehung läuft leider meist weder fair noch im gemeinsamen Einvernehmen ab. Stattdessen gewinnen Enttäuschung und Wut oft die Oberhand. Was aber geschieht, wenn *frau* diese negativen Gefühle nicht in den Griff bekommt? Wenn ihr alles recht ist, um den ehemaligen Partner zu bestrafen und sie sogar die gemeinsamen Kinder in ihren Rachefeldzug hineinzieht? Nicht selten hetzt die Ex ihre Kinder gegen den Vater auf oder versucht sogar, ihm das Sorgerecht entziehen zu lassen. Noch heute neigen die Behörden im Falle eines Sorgerechtstreits dazu, die Kinder in die Obhut der Mutter zu geben, ohne die familialen Hintergründe genauer zu untersuchen. Dass Frauen rachsüchtig sein können, mitunter Täterinnen, ist für viele nach wie vor ein Tabuthema. Wie ergeht es jenen Männern, die nach einer Scheidung oder Trennung von der Frau abgezockt und als Väter entrechtet werden? Die Diplompsychologin und Beziehungstherapeutin Catherine Herriger lässt in ihrem neuen Buch Männer zu Wort kommen, deren Ex zu weit gegangen sind. Dringend appelliert sie dabei an die Vernunft beider Elternteile und zeigt Wege auf, wie trotz heftiger Konflikte nicht nur die eigene Würde und der gegenseitige Respekt, sondern auch das Wohl des Kindes bewahrt bleiben kann.

*Autorin*

Catherine Herriger ist Diplompsychologin, Coach und Beziehungstherapeutin. Sie ist Autorin zahlreicher Sachbücher, darunter *Wandervögler – Warum Männer unbedachter fremdgehen*, *Die Böse Mutter* und *Bis dass der Tod euch endlich scheidet*. Catherine Herriger ist verheiratet, Mutter zweier Söhne und lebt in Bern, wo sie auch in eigener Praxis tätig ist.

www.ch50.ch

*Außerdem von Catherine Herriger im Programm*

Wandervögler ( auch als E-Book erhältlich)

Catherine Herriger

# Meine Ex nagelt mich an die Wand

## Wenn Frauen sich rächen

GOLDMANN

Alle Ratschläge in diesem Buch wurden von der Autorin und vom Verlag sorgfältig erwogen und geprüft. Eine Garantie kann dennoch nicht übernommen werden. Eine Haftung der Autorin beziehungsweise des Verlags und seiner Beauftragten für Personen-, Sach- und Vermögensschäden ist daher ausgeschlossen.

Dieses Buch ist auch als E-Book erhältlich.

MIX
Papier aus verantwortungsvollen Quellen
FSC® C014496

Verlagsgruppe Random House FSC® N001967
Das für dieses Buch verwendete FSC®-zertifizierte Papier
*Classic 95* liefert Stora Enso, Finnland.

1. Auflage
Originalausgabe April 2014
Wilhelm Goldmann Verlag, München,
in der Verlagsgruppe Random House GmbH

Umschlaggestaltung: Uno Werbeagentur, München
Umschlagfoto: FinePic c/o Zero Werbeagentur
Illustration: NEL, nel@cartoons.de
Redaktion: Dunja Reulein
Satz: Uhl + Massopust, Aalen
Druck und Bindung: GGP Media GmbH, Pößneck
AB · Herstellung: IH
Printed in Germany
ISBN 978-3-442-17425-6

www.goldmann-verlag.de

Besuchen Sie den Goldmann Verlag im Netz:

**Ich widme dieses Buch meinem verstorbenen Vater.**

Leider hatte er nicht die Genugtuung, noch erfahren zu dürfen, wie das Postulat »Gleiche Rechte und Pflichten für Mütter wie Väter – auch nach Scheidung!«, welches 1994 der spätere CVP-Nationalrat Reto Wehrli dem Schweizer Parlament eingereicht hatte, im Jahr 2013 endlich Wirklichkeit wurde.

SORGERECHT ZWISCHEN TÜR UND ANGEL

**Monika Ebeling** zu der Stellung und den Rechten der Väter:

*»Niemand fragt zum Beispiel den Vater eines Kindes, ob er einer Abtreibung zustimmt. Wenn das Kind nach der Geburt in die Babyklappe gelegt oder zur Adoption freigegeben wird, ist nie die Rede davon, ob vielleicht der Vater oder die väterliche Familie das Kind aufziehen möchte oder kann.«*
(WikiMANNia, www.wikimannia.org)

Monika Ebeling ist Mitglied der SPD, Sozialpädagogin, Systemische Familientherapeutin und Kindergärtnerin.

Sie war von 2008 bis Mai 2011 die Gleichstellungsbeauftragte der Stadt Goslar, dann wurde sie auf massiven Druck der Linken ihres Amtes enthoben.

Zum Stolperstein wurde ihr der Vorwurf, sie habe sich vorwiegend für die Belange von Männern eingesetzt und dabei die Frauenförderung vernachlässigt, also ihre Stellung missbraucht. Zudem beging sie das Sakrileg, Frauennetzwerke provokant anzugreifen und ihnen ein teilweises Verhindern gleichstellungspolitischer Entwicklungen vorzuwerfen.

**Markus Theunert** zum gesellschaftspolitischen Rollenbild eines Mannes und Vaters:

*»Die meisten Männer sind desinteressiert. Männerpolitik scheint bisher ein Thema für verbitterte Scheidungsväter, pöbelnde Geschlechterkämpfer, unglückliche Emanzipations-*

*verlierer und andere Randfiguren. Ein richtiger Mann hat alles im Griff und möchte von geschlechterpolitischen Fragen verschont bleiben.*
*Stößt ein Vater aber an seine zeitlichen Grenzen oder findet seinen Platz in der Familie nicht, dann ist er bloß ein individueller Versager.«*
(*Blick*-Interview vom 10.2.13)

Markus Theunert ist Psychologe, Soziologe und Gründungspräsident des Dachverbands Schweizer Männer- und Väterorganisationen.

Er war der erste Männerbeauftragte des Kantons Zürich an der Fachstelle für Gleichstellung von Frau und Mann. Zürich erhielt durch die Schaffung dieser Stelle, die ausschließlich den spezifischen Bedürfnissen von Jungen und Männern dienen soll, eine Vorreiterposition im gesamten deutschen Sprachraum.

Theunert übte sein Amt genau drei Wochen aus: vom 1. bis zum 24. Juli 2012. Dann trat er zurück, weil er vor die Wahl gestellt wurde, entweder die Mitarbeit bei männer.ch, dem Dachverband Schweizer Männer- und Väterorganisationen, oder sein Amt als Männerbeauftragter abzulegen.

Zum Stolperstein wurde ihm ein altes sexualpolitisches Positionspapier von *männer.ch,* das die Aufklärung von Schulkindern hinsichtlich Pornografie postuliert hatte.

# Inhalt

# Zum Geleit: Ich war gewarnt… und fühlte mich dann doch bestätigt

Ich wurde nachdrücklich davor gewarnt, dieses Sachbuch zu schreiben. Das Thema Trennungsväter sei extrem vielschichtig und ausgesprochen schwierig. Die Motive der meisten um ihre Kinder kämpfenden Männer seien eher undurchsichtiger Art und hätten garantiert viel mit versuchter Dominanz, mit Druck- und Machtausübung zu tun, sprich: mit Geschlechterkampf.

In meinem beruflichen Umfeld wurde ich mehr oder weniger diplomatisch darauf hingewiesen, dass es immer kritisch sei, aus der Sicht des mutmaßlichen Opfers Aussagen zu machen und daraus eventuell allgemein verbindliche Schlüsse ziehen zu wollen. Gerade als Psychologin sollte ich doch wissen, dass Männer in der Wahrung ihrer Interessen gute Strategen und Manipulatoren seien. Auch sei bei vielen dieser Trennungsväter das Thema Sorge- und Umgangsrecht erwiesenermaßen immer wieder problematisch, selbst wenn juristisch alles längst und hinlänglich geregelt sei.

Eine jüngere und alleinerziehende Kollegin winkte einem fachlichen Austausch mit der Begründung ab: »Was soll das Gedöns überhaupt? Jetzt wird's ja auch noch zunehmend politisch. Geh mal in die Internetforen der Frauen und lies selber nach: Im Allgemeinen erinnern sich Väter erst an ihre Kinder, wenn sie getrennt von denen leben müssen, also in ihrem männlichen Selbstverständnis reduziert und dadurch schwer gekränkt wurden. Plötzlich schwafelt dann so ein Gelegenheits-Vater gleich eimerweise über das Wohl seines Kindes.

Ha! Als hätte ihn das während der Beziehung zu der Ex groß interessiert. Natürlich lässt er dann an der Mutter des Kindes keinen guten Faden, ist ja klar. Den Typen geht förmlich einer ab, wenn sie wie ausgebildete Juristen untereinander austauschen, welche Vorstöße sie wann und bei welchen Behörden unternehmen werden, das wievielte Gutachten sie einfordern wollen. Alles angeblich um des Kindeswohls willen, ist ja klar. Mir kommt es eher vor wie ein im Trend liegender Herrendebattierclub. Glaub mir: Du vergeudest nur deine Zeit, und der Verlag wird wenig Freude an deinem Buch haben.«

Bei gewissen Rückmeldungen konterte ich mit der Frage: »Was, wenn ich ein Buch planen sollte zu Frauen, die von ihren Männern seelisch und körperlich misshandelt werden, zudem in Angst leben müssen wegen ihrer Kinder?« Prompt wurde mir Interesse und Zustimmung signalisiert. *Das* sei gesellschaftspolitisch höchst relevant, weltweit.

Kommentare und Berichte über Zwangsprostitution und -heirat, Frauenhandel, Klitorisbeschneidung, Nötigung, Gewalt, Vergewaltigung, Inzest, Missbrauch lösten einander nur so ab, zu denen ich immer wieder nur zustimmend nicken konnte. Es ist eine überaus schlimme Baustelle an vielen Orten der menschlichen Gesellschaft, diese nach wie vor bestehende Missachtung und Unterdrückung der Frau. Weltweit werden gemäß den Studien der Weltgesundheitsorganisation (WHO) etwa 35 Prozent aller Frauen Opfer männlicher Gewalt.

Überdeutlich wurde mir aber auch bewusst, dass Themen weiblicher Entwürdigung eindeutig einer ganz anderen Werteskala unterworfen sind als solche von Männern, die sich in einer »eh nur mutmaßlichen« Opferrolle befinden. Die eventuelle oder gelegentliche Problematik von Trennungsvätern ist da bloßer Pipifax. Ist das wirklich so? Weil wesentlich weniger häufig, weniger dramatisch, weniger bekannt, weniger offensichtlich?

Aber was ist mit einem davon betroffenen Kind? Ist dessen Wohl ebenfalls Pipifax? Ich meine, nein. Nicht umsonst heißt es doch, dass den Kindern die Zukunft gehört. Je besser also die Voraussetzungen sind, unter denen ein Kind aufwächst, umso besser wird es einmal seinen Anteil an der Zukunft gestalten können. Ich bin mir sicher, dass in diesem Punkt die meisten Frauen und Mütter mit mir völlig einig gehen: Jawohl, das Wohl des Kindes ist überaus wichtig!

Und genau hier setze ich an: Was ist mit dem Wohl des Erzeugers, der trotz Trennung oder Scheidung eine Beziehung zu diesem Kind haben oder erhalten möchte? Obwohl er eventuell ein mieser Ehemann oder Partner war und die Trennung schlichtweg schauderhaft verlief? Und frau nichts, aber auch gar nichts mehr mit diesem Scheißkerl zu tun haben will? Und last, but not least: Was ist mit dem Recht des Kindes auf seinen Vater? Plötzlich scheiden sich die Gemüter …

Großen Zuspruch erhielt ich von einer gänzlich unerwarteten Seite: von den Zweitfrauen einiger Trennungsväter. Ich füge hier den Auszug einer E-Mail bei, die mich bekräftigte, an meiner Thematik festzuhalten, sämtlichen Warnungen und Vorbehalten zum Trotz.

*Endlich kommt es mal zur Sprache, diese Schieflage, in der sich unsere geschiedenen Lebenspartner befinden! Wir, deren neue Frauen, sind nämlich auch davon betroffen, ob wir das nun wollen oder nicht. Wenn wir den Mann lieben, müssen wir seinen Ballast mittragen. Das bedeutet, dass wir Zweitfrauen von seinen Kindern verbal angegriffen werden können, weil deren rachsüchtige Mütter uns als Familienzerstörerinnen, als Ehebrecherinnen bezeichnen. Diese Kinder fühlen sich dann im Recht, uns wie Dreck zu behandeln.*

*In meinem Fall wehrt sich mein Freund fast nie für mich, er fürchtet, dass sonst seine Kinder ihn noch weniger besuchen wollen, als sie es jetzt schon tun, weil seine Ex sie gegen mich aufhetzt. Er mahnt mich, ja verständnisvoll zu sein, es nicht allzu persönlich zu nehmen, den Kindern Zeit zu lassen. Wie lange denn noch, habe ich ihn schon gefragt, wie lange?*

*Sein Ältester legt die Füße auf den Küchentisch und grinst mich nur frech an, wenn ich ihm sage, er soll sie runternehmen. »Das ist die Hütte meines Vaters, da kann ich machen, was ich will. Du bist bloß seine Schlampe, also halt dich da raus«, schleuderte er mir bei einer anderen Gelegenheit ins Gesicht. Da habe ich ihn spontan geohrfeigt, er war ziemlich baff. Dann ging's etwas besser zwischen ihm und mir. Hätte ich ihm vielleicht noch sagen sollen, dass ich die Hütte seines Vaters alleine finanziere, weil dessen Ex ihn dermaßen abzockt, dass ihm fast nichts mehr bleibt?*

*Was meinen Sie, wie vielen Zweitfrauen es ganz ähnlich geht? Ich kenne da einige. Wir beklagen uns nicht, wir schweigen, weil wir unseren Männern nicht noch mehr schaden, sie nicht noch mehr unter Druck setzen wollen. Wir verzichten sogar auf eigene Kinder, weil es denen gegenüber ungerecht wäre, sie in solch belasteten Umständen aufwachsen zu lassen. Ganz abgesehen davon, dass es rein finanziell kaum machbar wäre. Mein Freund hatte ein kleines, aber gut gehendes Geschäft, das er schließen musste, weil seine Ex es ausgeblutet hat. Die Behörden schauen tatenlos zu, präsentieren einfach die Rechnungen. Er zahlt und zahlt und hofft auf bessere Zeiten, beruflich und mit den Kindern. Ich weiß nicht, wie lange ich das noch durchhalte. Wir Zweitfrauen sind in solchen Fällen reine Schattengewächse.*

Die E-Mail sprach für sich. Ich fühlte mich in der Wahl dieser mehr als schwierigen und herausfordernden Thematik zusätzlich bestätigt und herausgefordert, und dies nicht nur als Psychologin und Autorin. Schließlich bin ich auch noch Ehefrau und Mutter.

Dieses Buch entstand also nicht nur in der Absicht, kämpfenden Trennungsvätern eine Stimme zu geben, Rollenbilder und Emanzipationsbestrebungen zu hinterfragen, böse Fallbeispiele als Mahnung anzuführen, gewisse Mütter an eine ganz ursprüngliche Verantwortung zu erinnern, sondern auch, um bestimmte Behörden etwas hellhöriger zu stimmen, sollten sie sich wieder mal um wüste Sorgerechtsstreitigkeiten bemühen müssen.

Wobei ich gerade bei Letzterem betonen möchte, dass elterliches Versagen, ob nun von der Mutter oder vom Vater, keiner Institution oder Behörde angelastet werden kann!

Catherine Herriger
Bern 2013

Wie all meine Sachbücher kann auch dieses von vorne nach hinten gelesen werden oder umgekehrt. Je nach Interesse, Stimmung und Fragestellung können einzelne Kapitel herausgepickt werden, ohne jede chronologische Rücksicht.

# Zur weiteren Einführung in ein unschönes Thema: Trennungsväter klagen an!

## Aus Deutschland

*Ich habe bislang nur Texte für Geschäftsberichte geschrieben. Dieser hier ist für mich bedeutender, weil er meinen bislang wichtigsten Lebensabschnitt dokumentiert. Ich setze große Hoffnungen auf dieses Buch und war deswegen sofort bereit, mich einzubringen. Vielleicht verhilft es uns abgestraften Trennungsvätern dazu, das Verhalten der Ex einigermaßen zu verstehen oder zumindest besser damit umzugehen. Es gibt garantiert noch viele andere Männer wie mich, die weder ein noch aus wissen und wegen der völlig unbegreiflichen Handlungen der Kindsmutter verzweifeln. Trennungsväter, die wie ich ebenfalls nicht wissen, ob sie je eine wirkliche Beziehung zu ihrem Kind leben dürfen oder ob nicht die Expartnerin aus irgendwelchen Wut- und Frustgefühlen alles kaputt schlägt.*

*Gerade letzte Woche durfte ich wieder einmal unter der Aufsicht einer Gutachterin eine Stunde mit meinem vierjährigen Sohn spielen, zusätzlich bewacht von seiner Mutter, die mit Sperberaugen alles verfolgte, was ich tat und sagte. Mit mir sprach sie kein Wort, außer einem knappen »Hallo«, als wir gemeinsam das Spielzimmer betraten.*

*Es geht um das gemeinsame Sorgerecht, das mir nun doch nicht gegeben werden soll. Zwar habe ich beim Familiengericht eine Sorgeerklärung abgegeben, meine Exfreundin hat aber dagegen Einwände erhoben. Sie behauptet steif und fest, dass sie während unserer Beziehung wiederholt erleben musste, wie ich unseren Sohn vernachlässigt, ihn abends in Kneipen mitgenommen, ihn unangemessen ernährt und häufig bei meinen Eltern abgeliefert habe. Letzteres, wenn ich laut ihr nur »angeblichen« geschäftlichen Terminen nachgehen musste.*

*Als Vater sei ich ganz klar überfordert gewesen und grundsätzlich, gemäß § 1696 des BGB, nicht erziehungsgeeignet, weil menschlich unreif, leicht reizbar und charakterlich oberflächlich. Meine Frage, warum sie sich denn jemals mit mir eingelassen habe, bleibt ohne Antwort. Ich bin überzeugt, dass sie mir nicht verzeiht, mich ziemlich rabiat von ihr getrennt zu haben. Was aber hat das mit unserem Kind und meinem Sorgerecht zu tun? Sie will mich kaltstellen, sage ich. Sie will das Wohl unseres Kindes, sagt sie.*

*Nun muss ich beweisen, dass ich ein durch und durch verantwortungsbewusster Vater bin, sie hingegen darf weiterhin behaupten, was immer sie will. Die Gutachterin gehört eindeutig in die Kategorie »mütterfreundliche Verfahrensbeteiligte«, was nichts anderes bedeutet, als dass ich mir als Mann alle Mühe der Welt geben muss, während meine Exfreundin mauert, wo sie nur kann. Es geht um den bei sämtlichen Behörden ganz offensichtlich beliebig dehnbaren Begriff »Kindeswohl«.*

*Während der ganzen Abklärungen um meine Tauglichkeit als Vater habe ich kaum Chancen, sollte ich meinerseits kämpferisch oder defensiv auftreten. Für mich heißt es schlucken, schlucken und nochmals schlucken, immer im Hinblick auf die Interessen meines noch kleinen Sohnes, der sich riesig freut, wenn er mich sieht, und mich am Schluss des Umgangs kaum loslassen will. Wie ein Klammeräffchen hängt er mir jeweils am Hals, während seine Mutter genervt seufzt, mit dem Fuß auf den Boden klopft, auf die Uhr schaut und mich böse anguckt.*

*Dann möchte ich entweder losheulen oder sie ohrfeigen. Ich darf beides nicht. Geohrfeigt habe ich sie nur einmal, kurz bevor ich endgültig die Koffer packte, als sie in einem ihrer Wutanfälle wieder mal versuchte, mir das Gesicht zu zerkratzen. Diese Ohrfeige ist aktenkundig, dafür hat sie gesorgt, und bescheinigt mir einen »Hang zur Gewalt«. Ihre Tätlichkeiten mir gegenüber sind nirgendwo vermerkt.*

*Stattdessen motiviere ich meinen Sohn, löse seine Ärmchen und erzähle ihm dabei, dass wir uns ja bald wieder sehen und wir zu zweit »Fußball wie die Großen« spielen werden. Meine Exfreundin hatte sich da schon beschwert, dass ich das Kind negativ beeinflusse, wenn ich es mit derartigen Versprechungen von ihr »wegködere«. Man glaubt es nicht – die Gutachterin stimmte ihr zu! Ich muss mich in Zukunft neutraler, sprich:*

*bindungstoleranter, verhalten. Sonst würde im Gutachten »Verdacht auf manipulative Einwirkung durch den Kindsvater« seinen Niederschlag finden, wie mir meine zwar teure, aber meist nutzlose Anwältin erklärte.*

*Als junger Trennungsvater und noch mitten im stressigen Aufbau meiner beruflichen Laufbahn bin ich der Verlierer. Ich bin bereits ziemlich ausgelaugt von den Bemühungen an allen Fronten, wohl wissend, dass in meinem privaten Bereich letzten Endes alle Macht bei der Mutter liegt, die mich nicht mehr leiden kann. Trotzdem bleibe ich der Vater meines Kindes, und dies nicht nur auf dem Papier. Darauf bestehe ich, dafür zahle ich, dafür kämpfe ich.*

*Nur soll mir ja keiner mehr erzählen, dass bei uns, bei den nicht verheirateten Vätern, das gemeinsame Sorgerecht irgendetwas mit elterlicher Gleichberechtigung zu tun hat oder gar mit Gerechtigkeit – das Kindeswohl ist und bleibt mutterzentriert! Völlig schnurz, ob es mit dem Wohl des Kindes etwas zu tun hat oder, wie in meinem Fall, eher nicht.*

(Dario F., 29-jährig, Industriekaufmann,
seit wenigen Monaten getrennt)

## Aus der Schweiz

*Guten Tag, liebes Betreibungsamt,*
*ich verstehe Ihren Frust, dass Sie bei mir nichts mehr holen können. Meine Kinder haben Sie (der Staat) genommen, meine Gesundheit ruiniert, mich aus meinem eigenen Haus gejagt, seit drei Jahren diskriminiert und psychisch vergewaltigt. Die Gewalttätigkeit der Kindsmutter wurde in der Vergangenheit elegant unter den Tisch gewischt. Der Wunsch der Kinder, vom Vater gleichwertig betreut zu werden, wurde systematisch missachtet. Außer dem Haus, worin meine Exfrau mit ihrem Liebhaber wohnt, ist nichts mehr zu holen.*

*Mit der Zwangsversteigerung meines Hausanteils bin ich einverstanden. Warum machen Sie nicht endlich vorwärts? Sind Ihnen vielleicht die Hände gebunden? Sind Sie so machtlos gegen eine sture und eigensinnige Frau, dass Sie meine Habseligkeiten verwerten müssen? In diesem Fall sind Sie wirklich zu bedauern.*

*Schön wäre es, wenn Sie den alten Computer für die Kinder stehen lassen könnten. Auf diesem üben meine drei Kinder mit ausgeliehenen Lern-CDs für Mathe, Deutsch und Englisch. Mein Sohn braucht den PC zusätzlich für seine Bewerbungen, da er auf Lehrstellensuche ist.*

*Es ist an der Zeit, dass die Schweiz endlich Väter achtet und diese nicht wie Dreck behandelt und diskriminiert. Zudem verstößt die Schweiz gegen das Menschenrecht auf ein Familien-*

*leben. Auch das Menschenrecht der Kinder, ihre Eltern im vollen Umfang sehen zu dürfen, wird mit Füßen getreten. Die in der Bundesverfassung erwähnte »Gleichberechtigung von Mann und Frau« ist eine reine Worthülse.*

*Der Staat hilft mit der heute bestehenden Gesetzeslage im Scheidungsrecht, Existenzen zu zerstören, und trägt maßgeblich zu der psychischen Vergewaltigung von Kindern und Eltern bei. Anstatt das »Cochemer Modell« anzuwenden, fährt er im Interesse der Anwälte und Interessensgruppen auf der bestehenden Schiene weiter – natürlich »zum Wohle des Kindes«. Vielleicht ist es auch die Ignoranz, der politische Druck, die keine Änderungen zulassen. Fakt bleibt, dass dieses Verhalten des Staates weder moralisch noch ethisch vertretbar ist. Bekanntlich ist das Gesetz aufgrund von Ethik und Moral entstanden.*

*Leider musste ich mit gut 40 Jahren erfahren, dass Gesetz nichts mit Gerechtigkeit zu tun hat. Aber solange wir Bürger nur zuschauen oder eben die Augen verschließen, unterstützen wir dieses System. Die Diskriminierung von Kindern und Vätern (zum Teil auch Müttern) wird weitergehen, und wir alle machen da mit und unterstützen diese Praxis. Widerstand braucht mutige Menschen und Zivilcourage – doch wer hat sie?*

*Ich bin mir nicht sicher, ob Sie sich über den Umfang Ihres Handelns bewusst sind – aber Gott wird Ihnen vielleicht eines Tages die gleiche Frage stellen.*

*Gerne werde ich Ihnen Kaffee, Tee und ein Stück Kuchen offerieren, wenn Sie zur Verwertung vorbeikommen möchten. Wann darf ich Sie willkommen heißen?*

*Freundliche Grüße*
*Ein entsorgter Vater*

(Publiziert mit der freundlichen Genehmigung des Vereins »Verantwortungsvoll erziehende Väter und Mütter«. Der Name des Briefverfassers ist dem VeV bekannt.)

# Ent-Rechtete Väter und Kinder

# Meine eigene Geschichte

Ich weiß, welche Auswirkungen eine sich rächende, zudem völlig kritikresistente Ex haben kann, und dies nicht nur als Beziehungstherapeutin. Ich weiß es, denn ich selbst habe eine Mutter, die ihren ersten Mann, meinen Vater, jahrelang zur Schnecke machen konnte, auch nachdem sie ihn längst entsorgt hatte.

Meine Überlegung war bloß, ob meine Geschichte auch wirklich in dieses Sachbuch passt, denn im Gegensatz zu meinem Vater kam ich mit heiler Haut davon. Also suchte ich für ein diesbezüglich klärendes Gespräch eine liebe Freundin aus der Verlagsbranche auf, deren sachverständigem Urteil ich voll vertraue. Sie selbst hat ein Kind, ist längst geschieden und war spontan bereit, sich mit meinem Anliegen auseinanderzusetzen.

Ich erklärte ihr, dass meine eigene Geschichte eventuell einiges zum Verständnis und zur Glaubwürdigkeit dieses doch recht schwer verdaulichen Buchthemas beitragen könnte, wenn ich als Autorin nicht »nur« theoretisch-fachlich schreiben, sondern eben auch persönliche Erfahrungen einbringen könnte.

Allerdings handle es sich hauptsächlich um die Geschichte meines inzwischen verstorbenen Vaters, den ich erst im

Alter von 16 Jahren kennengelernt habe. Gelitten hätte ich nie wegen ihm, wegen seiner Abwesenheit, da ich bei meinen Großeltern mütterlicherseits aufgewachsen sei, mit einem stets verfügbaren, liebevollen Großvater und einer mich rundum verwöhnenden Großmutter. Mir sei es dabei gut gegangen, ich hätte eine behütete Kindheit gehabt, kurz: Ich sei nie ein Opfer gewesen.

»Ja, schon«, meinte meine Freundin. »Aber hast du dich denn nie gefragt, wie anders dein Leben vielleicht verlaufen wäre, hättest du deinen Vater von klein auf gekannt oder wärst gar bei ihm, mit ihm aufgewachsen? Wenn du das Recht auf deinen Vater gehabt hättest?«

Das war nun mal eine wirklich interessante Frage! Die hatte mir während meines gesamten Psychologiestudiums nicht mal mein Analytiker gestellt. Ihn hatte viel mehr der offenkundige Mutter-Tochter-Konflikt interessiert als ein sowieso nicht vorhandener, mir auch nicht fehlender Vater und dessen Geschichte.

Dank meiner Freundin überdachte ich nun noch einmal gründlich den überaus wichtigen Aspekt des Rechts eines Kindes, also nicht nur dessen psychisches und physisches Wohl. Noch nie hatte ich derart umfassend darüber reflektiert, dass ein Kind kein Eigentum ist – weder das einer Mutter noch das eines Vaters. Es gehört ihnen nicht, es ist »bloß« zugehörig.

Ein Kind hat für sein Wohlbefinden nicht nur ein emotionales Bedürfnis nach beiden Elternteilen, es hat sogar ein verbrieftes Recht auf beide, also auf Mutter wie auf Vater. Da müssen schon schwerwiegende Ereignisse vorliegen, die es für den Gesetzgeber unabdingbar machen, ein Kind dem einen oder anderen Elternteil zu entziehen beziehungsweise entziehen zu müssen – ihm also sein Recht abzusprechen zugunsten der Wahrung seines Wohls.

Ich kann all dies mühelos anhand der eigenen Biografie nachvollziehen. Mein (Kindes-)Wohl war zwar allen Umständen zum Trotz gewahrt worden, mein (Kindes-)Recht jedoch keineswegs. Welche Gestalt hätte mein Leben angenommen, hätten damals meine Mutter und deren Eltern mein Recht auf beide Elternteile respektiert, statt über mich wie eine Ware – eben wie ein Eigentum – zu verfügen, zu bestimmen? Die Frage ist längst müßig, sogar überflüssig. Insofern habe ich in meinem Lebenskonzept Glück gehabt, trotz aller Machenschaften einer rachsüchtigen Frau.

Wie aber ergeht es anderen Kindern, bei denen dieses Recht auf ihren Vater torpediert wird, die ihren Vätern entfremdet werden? Natürlich immer unter dem Deckmäntelchen des sogenannten Kindeswohls. Und die nicht das »Glück« haben, eher zufälligerweise durch die Maschen zu rutschen, so wie ich?

Kinder, die nicht von den elterlichen Beziehungskriegen und den nachfolgenden mütterlichen Rachefeldzügen größtenteils verschont bleiben? Die fast tagtäglich gezwungen werden, sich für die eine oder andere Seite zu entscheiden, sich somit ständig in einem – für ein Kind völlig unverständlichen – Loyalitätskonflikt befinden? Kinder, die beide Elternteile lieben und das Bedürfnis haben, dass diese möglichst wieder zusammenfinden? Kinder, die sich sogar schuldig fühlen, weil sie glauben, dass Papa ausgezogen ist, weil sie nicht »lieb« oder »brav« genug gewesen sind? Und deren Mütter sie noch in diesem Gefühl bestärken? Oder den geliebten, jetzt aber abwesenden Vater schlechtmachen, bis ein Kind nicht mehr weiß, was nun stimmt?

Es sind entrechtete Kinder – und zwar nicht nur wegen des elterlichen Schlachtfeldes, sondern auch wegen überforderten Behörden, die nicht allzu genau hinschauen, weibliche Motive nicht sorgfältig genug hinterfragen, deren Behauptungen nicht allzu gründlich prüfen. Einfach aus dem Grund, weil nach wie vor landläufig ein Kleinkind nun mal zur Mutter gehört. Alleine diese Meinung beinhaltet doch schon die Annahme, dass das Kind eigentlich ein Besitztum ist, und zwar das der Mutter.

Klar, dass zu einem solcherart entrechteten Kind ein ebenso entrechteter Vater passt. Ent-Rechtung im Doppelpack! Wie bei meinem Vater und mir. Er verstarb Ende 2006. Entsorgt hatte ihn meine Mutter allerdings bereits wenige Monate nach meiner Geburt.

# Mein entsorgter Vater

Als Kleinkind hatte meine Mutter mich bei ihren Eltern untergebracht, offenbar direkt nach einer höchst seltsamen Trennung. »Ich kam am Abend von der Arbeit nach Hause, und deine Mutter war mit dir und dem Großteil unserer Möbel weg, einfach verschwunden. Gesehen habe ich dich als Kind dann nie mehr«, erzählte mir mein Vater viele Jahre später.

Ich erfuhr, dass meine Großeltern von Anfang an ihre Tochter, also meine Mutter, in ihrem unbarmherzigen Bestreben unterstützten, jeglichen Umgang mit meinem Vater zu verhindern. Meine Mutter hatte die Ehe dadurch erzwungen, dass sie von ihm schwanger wurde. Also musste er sie anstandshalber heiraten, gegen den Willen ihrer und seiner Eltern. Die Ehe stand schon mal unter keinem guten Stern, zudem passten meiner Ansicht nach die beiden überhaupt nicht und nirgendwo zusammen. Eine Scheidung wäre da in meinen Augen die eigentlich logische Konsequenz gewesen. Nur nicht das Wie und dessen Folgen.

Ich, das gemeinsame Kind, erhielt weder Besuche noch Telefonate, keine Briefe und keine Geschenke von meinem Vater. Wie er mir schmallippig mitteilte, stand er jeweils vor verschlossenem Gartentor, oder wenn er es bis zur Haustüre meiner Großeltern schaffte, wurde ihm die vor der Nase wieder zugeschlagen, und niemand reagierte auf sein Klingeln oder Klopfen. Seine hingestellten Mitbringsel landeten wohl im Müll. »Ich hatte überhaupt kein Recht auf dich, auf meine Tochter, null.«

Von all dem bekam ich nichts mit. Ich vermisste meinen Vater wahrscheinlich auch nicht groß, da ich ja erst wenige Monate alt war. Später trug ich nicht mal seinen Namen, sondern den meiner Großeltern beziehungsweise meiner Mutter, dies bis weit in die Schulzeit hinein. Nicht zu vergessen: Ich rede hier von einer Zeit, als ein Kind noch ganz selbstverständlich den Namen des mit der Mutter verheirateten Vaters trug.

Ich war 16 Jahre alt, als meine inzwischen wieder verheiratete Mutter ihn zur Feier meiner Konfirmation einlud. Wahrscheinlich, weil sie der Eventualität vorbauen wollte, dass ich in einer spätrebellischen Phase mich doch einmal auf die Suche nach meinem Vater begeben könnte. Vorsorglicherweise hatte sie ihn rundum schlechtgemacht, und zwar in jeglicher auch nur erdenklichen Hinsicht. Ich erwartete also einen etwas dümmlichen, ungehobelten Handwerker mit null Manieren, zudem ein Langweiler und beruflicher Totalversager, mit dem ich mich beim offiziellen Festessen höflicherweise, da ja doch recht eng verwandt, etwas unterhalten sollte. Ich hatte bereits meine Zähne und Klauen ausgefahren, sollte mein Erzeuger sich mir gegenüber auch nur etwas danebenbenehmen. Denn fies musste er ja sein, da hatte mir meine Mutter inzwischen so allerlei erzählt. Allerlei, nur nicht die Wahrheit.

Stattdessen lernte ich einen hochsensiblen, warmherzigen und belesenen Mann kennen, der sogar aus einer angesehenen Oberländer Familie stammte. Er schenkte mir Bücher und eine Kopie des Familienwappens, von dessen Existenz ich ebenfalls keine Ahnung hatte. In seiner Begleitung war sein bester Freund, der sich als mein Pate entpuppte. Auch von ihm hatte ich nichts gewusst. Plötzlich hatte ich nicht nur einen Vater, sondern auch noch einen Paten – zwei groß gewachsene, gut aussehende Männer, jeder mit Familie. Und beide wesentlich glücklicher in ihrer Ausstrahlung als meine Mutter und deren zweiter Mann, mein sogenannter Stiefvater.

Bei der Nachspeise erfuhr ich, dass ich sogar Halbgeschwister hatte … Und auch, dass die zweite Frau meines Vaters sich ihrerseits sehr darum bemüht hatte, einen Kontakt herzustellen, vor allem zum Zeitpunkt, als sie mit dem ersten Kind schwanger war. »Ich dachte, ihr zwei könntet dann später auch mal zusammen plaudern und spielen, ihr seid ja Schwestern«, erzählte sie mir Jahre später. Sie musste längere Zeit miterleben, wie sehr mein Vater unter der Trennung von mir litt. Natürlich scheiterte auch sie mit ihren brieflichen und telefonischen Kontaktversuchen, da meine Mutter und deren Eltern mich ja vollständig abschirmten – mich entrechteten, indem sie meinen Vater entsorgten.

Gerne würde ich nun erzählen, dass ab meiner Konfirmation alles anders wurde, doch der Kontakt brach gleich wieder ab. Dafür sorgte meine Mutter, die sehr empfindlich reagierte, als sie mitbekam, wie gut mein Vater und ich uns auf Anhieb verstanden hatten. »Solltest du diesen Mann je besuchen, enterbe ich dich. Dann bist du nicht mehr meine Tochter«, drohte sie wiederholt. Oder weinerlich: »Du weißt überhaupt nicht, was der Mann und seine Mutter mir alles angetan haben. Er war völlig von ihr abhängig, und sie hasste mich. Wenn du je zu ihm gehst, fällst du mir in den Rücken und machst mich unglücklich.«

Etliche Jahre später suchte ich meinen Vater dann doch auf, zusammen mit meinem Ehemann. Ich war schwanger und dachte, es könnte vielleicht einen Weg geben, meinerseits doch noch so etwas wie eine einigermaßen vernünftige Herkunftsfamilie zu entwickeln. Doch fanden mein Vater und ich in all den folgenden Jahren keinen wirklichen Zugang zueinander, trotz viel Sympathie und gegenseitigem Bemühen. Darüber hinaus fiel ihm die praktisch übergangslose Großvaterrolle recht schwer, was die ganze Beziehung nicht gerade vereinfachte.

Es war schlicht und einfach zu spät, um emotional noch etwas Ähnliches wie eine Vater-Tochter-Beziehung aufzubauen. Für mich hatte mein Großvater diese Lücke ausgefüllt. Ganz offensichtlich derart umfänglich und gut, dass ich als Kind nicht mal groß Fragen gestellt hatte. Klar litt im

Nachhinein das Bild meines Großvaters in meinen Augen, denn schließlich entpuppte auch er sich als verlogen, genauso wie meine Mutter und meine Großmutter. Aber da war ich schon längst erwachsen, abgenabelt und führte mein eigenes Leben. Meine Kinderseele war durch den entsorgten Vater nicht lädiert worden, und ich musste in dieser Hinsicht keine Scherbenhaufen aufklauben und den Verlust verarbeiten. Im Gegensatz zur Seele meines Vaters.

Immerhin konnten er und ich uns ausführlich austauschen, auf diese Weise die Löcher der Vergangenheit ein wenig füllen und einen Großteil der Lügen aufdecken, die meine Mutter über ihn und sich selbst erzählt hatte. Überwältigend für mich war die immer wieder aufbrechende Bitterkeit meines Vaters, der ganz offensichtlich nie wirklich mit all den Kränkungen und Verletzungen fertiggeworden war, die meine Mutter ihm zugefügt hatte.

Ich konnte seine Leidensgeschichte teilweise aus den mir vorgelegten Kopien der Briefe entnehmen, die er und seine zweite Frau damals und in schönster Handschrift an mich schrieben, die aber nie den Weg zu mir fanden. Auch Kopien der Bittbriefe an meine Mutter lagen mir vor – samt ihren abschlägigen, in einem höhnischen Stil formulierten Antworten. Ich konnte altmodisch geränderte Fotos betrachten, die meinen Vater zeigten, wie er das Kleinkind, das ich war, liebevoll im Arm hielt, wie er mich bei Sonnenschein im Garten in einem Zuber badete, während ich ihn zahnlos anstrahlte.

»Ich habe dir auch häufig die Windeln gewechselt, wenn deine Mutter wieder mal einen ihrer Rappel hatte und ihr alles zuwider war, auch du«, gestand er mir. »Ich habe immer sehr aufgepasst, dass niemand das bemerkte. Ein Mann und Windeln wechseln ... Damals hätte man mich im Dorf ausgelacht.«

Auch zahlen musste er für mich, für seine damaligen Verhältnisse sogar sehr viel! Dafür hatte der Anwalt meiner Mutter gesorgt, mein Vater selbst konnte sich keinen Rechtsbeistand leisten. Weiter erfuhr ich, dass er damals neben seinem beruflich anstrengenden Alltag noch Heimarbeit annehmen musste, weil während des Wachsens seiner zweiten Familie diese regelmäßigen monatlichen Zahlungen schwer ins Gewicht fielen.

Dabei ist mir bewusst, dass meine Mutter sein Geld nicht gebraucht hätte, aber dieses einforderte bis zu meinem 20. Geburtstag. Angeblich hatte es auch meiner Ausbildung dienen sollen. De facto musste ich mein Studium selbst finanzieren, da meine Mutter hinter meinem Rücken mein Sparguthaben mitsamt meinen ganz persönlichen Ersparnissen einkassiert hatte – was meinen Vater keineswegs erstaunte (»Ja, so ist sie! So habe ich sie gekannt.«).

Einmal fragte ich ihn, warum er denn nicht mehr um mich gekämpft habe? Es hätte doch auch damals rechtliche Mittel und Wege gegeben. Hier verstummte er, brach das Gespräch ab und ging in den Garten. Seine Frau bat mich dann, nicht weiter in ihn zu dringen. Ein Kampf gegen meine Mutter und deren gut situierte Eltern wäre damals in der Gegend ziemlich aussichtslos gewesen, zumal mein Großvater noch ein bekannter Lokalpolitiker gewesen war. Auch sei mein Vater kein Kämpfer, nie gewesen. Er schlucke Leid wie Wut jeweils still in sich hinein, sein Trost seien die Bücher.

Prompt musste ich merken, wie sich bei mir, einer längst erwachsenen Frau, eine leise Irritation gegenüber meinem Vater einschlich. Er hat seiner Ex, meiner Mutter, nicht Paroli bieten können. Er ließ ihr unerhörtes Verhalten kampflos, wenn auch erzürnt und traurig, einfach über sich ergehen. Er war ein sanfter Mann.

Nun, mein Vater ist tot. Ab und zu besuche ich sein Grab und entschuldige mich für die Frau, die meine Mutter ist. Er wollte ja weder sie noch ein Kind mit ihr. Aber damals gab es für einen gut erzogenen Mann halt nur eines: heiraten. Die Rollenbilder und -verständnisse waren eindeutig: Ein Kind ist unterwegs, der Mann hatte seine (Mit-)Schuld zu begleichen, er musste die Frau ehelichen, dies auch dann, sollte sie ein Flittchen gewesen sein.

Ich werde wohl nie die Motive und Grundkonflikte meiner Mutter erfahren. Welches ihre Gründe für diese unpassende Partnerwahl waren und warum sie als Folgeerscheinung ihren mehr als nachhaltigen Rachefeldzug antrat anstelle einer sauberen Scheidung mit einer angemessenen Umgangsregelung. Vielleicht wegen ihrer Erziehung? Wegen einer nicht verarbeiteten Problematik mit dem eigenen Vater? Mit der Mutter? Wegen einer sozialen Unangepasstheit?

Was geschah denn auf der Paarebene meiner Eltern? Genügte die Tatsache, dass meine Mutter in der Herkunftsfamilie ihres ersten Mannes nicht willkommen war, für den Anfang ihrer Feindseligkeit? Aber er war es ja in ihrer auch nicht. Beide hatten sie sich mit ihrer Heirat aus ihren Herkunftsfamilien ausgeklinkt. In ihrer Schulbildung, also auch von ihrem Intelligenzgrad her, waren sie mehr oder weniger ebenbürtig. Hingegen weiß ich, dass meine Mutter eine ausgesprochen ehrgeizige Frau ist und mein verstorbener Vater das keineswegs war. Hat er also ihre Lebensplanung nicht umsetzen können, war er nicht der Mann dazu? Warum dann nicht einfach sich vom Mann trennen, aber ohne ihn noch zusätzlich durch die Entfremdung der gemeinsamen Tochter zu verletzen, zu demütigen? Es erschließt sich mir einfach nicht, überhaupt nicht.

Die Frage meiner Freundin konnte ich insofern nicht beantworten, sie diente aber als ein wichtiger Gedankenanstoß für dieses Buch. Wahrscheinlich hätte ich mich bei meinem Vater ebenfalls zu einem zufriedenen Menschen entwickelt. Vorausgesetzt natürlich, dass er das alleinige Sorgerecht gehabt hätte, denn erwiesenermaßen wäre mit meiner Mutter eine glückliche Familienkonstellation niemals möglich gewesen.

Ob ich dann aber auch Psychologie studiert hätte, weiß ich allerdings nicht. Vielleicht Gärtnerin, wegen seiner Liebe zur Natur? Oder Buchhändlerin, weil er so viel und gerne las? Dank ihm lernte ich die auf Berndeutsch geschriebenen Bücher von Rudolf von Tavel schätzen, ein literarisches Stück Heimat. Wie meine alternative Biografie ausgesehen hätte, werde ich nie wissen können, aber ich denke, sie wäre auch zu meinem Wohle geraten.

# Männer, die großen Beziehungsverlierer?

Noch während ich an meinem letzten Sachbuch (*Wandervögler – Warum Männer unbedachter fremdgehen*) arbeitete, erhielt ich eine Menge Zuschriften mit der Frage, ob ich überhaupt eine Ahnung hätte, wie gnadenlos brutal auch Frauen sein können. Ich wurde praktisch bombardiert mit Geschichten zu Beziehungsdramen, in denen Frauen Vergeltungsschläge austeilten, weil ein Mann »unbedacht« fremdgegangen war oder sie auf sonstige Art schwer enttäuscht oder verletzt hatte.

»Wissen Sie denn, wie urplötzlich eine wütende Frau jegliche Beziehungsverantwortung vermissen lassen kann? Weil sie nur noch Rache im Kopf hat – selbst dann, wenn gemeinsame Kinder im Spiel sind?«, wollte ein zorniger Mann wissen. Ja, er sei fremdgegangen, aber das rechtfertige doch nicht, dass seine Frau zur Furie mutierte, alles kaputt schlug und er sein Kind kaum mehr sehen könne, weil sie alles daransetze, ihm den Umgang zu sabotieren, unterstützt von uneinsichtigen Behörden und einseitigen Gutachtern. Ich sollte mich da auch gleich mal mit dem juristisch zwar viel zitierten, jedoch in Tat und Wahrheit eher vernachlässigten Begriff Kindeswohl auseinandersetzen. Schließlich sei ich gemäß meiner Homepage ja auch noch Kinderpsychologin.

Auch der wirtschaftliche Aspekt sei hier nicht ganz irrelevant, tönte es aus einer anderen Ecke. Viele Männer würden in den Ruin getrieben, weil sie bei der Scheidung ihren Frauen unrealistische finanzielle Zugeständnisse gemacht hätten, einfach aus Angst, sonst die Kinder weniger oft oder gar nicht sehen zu können. Das Resultat seien dann früher oder später ausbleibende Unterhaltszahlungen, gerichtliche Mahnungen, Lohnpfändung...

Schließlich Krankheit, Burn-out und Depressionen wegen Stress und Überforderung, später die Unfähigkeit, weiterhin arbeiten zu können. Das könne wohl kaum im Interesse des Gesellschaft sein, oder? Vielleicht sollte ich das Thema von dieser, von der ökonomischen Seite her angehen, dann werde es höchstwahrscheinlich wesentlich ernster genommen. Geld beziehungsweise dessen Einbuße sei nicht nur für den Gesetzgeber ein schlagkräftiges Argument.

Ob ich überhaupt je daran gedacht habe, dass Männer in vielen Fällen die eigentlichen, die großen Beziehungsverlierer seien? Dies nicht nur, weil sie von der Ex bei einer Scheidung gnadenlos abgezockt werden könnten, was eine Nachfolge-Beziehung schwer belaste, sondern vor allem dann, wenn ihnen diese auch noch den Umgang mit den eigenen Kindern so weit wie möglich boykottiere, diese so dem Vater entfremde – und die zuständigen Behörden ewig und drei Tage tatenlos zuschauen würden. Die Gefühle des Kindes seien da völlig zweitrangig, die des Vaters sowieso. Das grenze doch an ein Verbrechen, sowohl am Mann wie auch am Kind. Nein, es sei ein Verbrechen!

Als ich am Sortieren meiner diversen handschriftlichen Notizen war und mich schon mal an einem Buchkonzept über Trennungsväter versuchte, flatterten mir weitere Briefe, Berichte und E-Mails ins Haus, bei deren Lektüre ich mir nur fassungslos die Augen reiben konnte. Dies eben nicht nur als Psychologin, sondern auch als Ehefrau und Mutter. Jedoch hinderte mich meine Betroffenheit keineswegs am sorgfältigen Überprüfen der mir zur Verfügung gestellten Unterlagen – noch an zusätzlichen Recherchen. Eher im Gegenteil, denn manche der Erzählungen schienen mir Ausgeburten einer allzu lebhaften, da von Wut und Verbitterung geprägten männlichen Fantasie zu sein – um sich dann als traurige Realität zu erweisen.

Gleichzeitig drängte sich mir die Frage auf, warum Männer soziopolitisch auf derartige Widerstände stoßen, wenn sie auf einer rein emotionalen Ebene protestieren, sich vehement für ihre Anliegen einsetzen? Damit meine ich nicht etwa die Gründung eines Kinderdorfs oder eines Tierheims, oh nein, da erleben Männer nur Bewunderung und volle Akzeptanz.

Ich beziehe mich auf den emotionalen Einsatz in eigener Sache, das heißt, wenn Männer sich entschließen, gegen den Widerstand der Mutter für einen geregelten Umgang mit dem gemeinsamen Kind zu kämpfen. Warum wird ihnen da seitens der zuständigen Behörden nicht mit derselben Ernsthaftigkeit begegnet, die hilfesuchende Frauen und Mütter praktisch umgehend erleben dürfen? Warum engagieren sich nicht mehr Politiker und Politikerinnen für die Anliegen von Trennungsvätern – und damit eben auch für die Rechte der Kinder auf ihren Vater?

Gerade in bösen Sorgerechtsstreitigkeiten sollte der Nimbus einer unbestritten selbstlosen Mutterliebe gründlich hinterfragt werden. Genauso wie die landläufige Meinung, dass Männer die Hauptschuld an der Zerrüttung ihrer Beziehungen tragen und per se einen Hang zur Gewalt haben.

Allgemeines Umdenken, gepaart mit einer beidseitigen emotionalen Emanzipation wäre da längst angesagt. Vor allem, wenn ein Kind im Zentrum der Auseinandersetzung seiner Eltern steht und schicksalsergeben darauf warten muss, bis seine aus den Fugen geratene Welt wieder irgendwie an Boden und Struktur gewinnt.

Es ist widersinnig, dass die Regelung des Umgangs- und Besuchsrechts in einen Geschlechterkampf münden darf und sich unter Umständen während Monaten und Jahren darin erschöpft, ganz im Interesse der sich zufrieden die Hände reibenden Exponenten unserer Scheidungsindustrie.

Mir scheint, dass allen Beteiligten bewusst gemacht werden sollte, dass es nicht vordringlich um einen Interessensausgleich zwischen den sich trennenden Eltern geht, sondern um das Wohl des gemeinsamen Kindes, um die Wahrung seiner Interessen und seiner Befindlichkeit. Möglicherweise müsste diese Denkweise, nämlich die Fürsorge ums eigene Kind, quasi förmlich in das Bewusstsein sich bekämpfender Eltern geprügelt werden.

Denn unentbehrlich für eine gesunde seelische Entwicklung des Kindes ist die möglichst ausgewogene sozialpsychische Verbundenheit zwischen Eltern und Kind. Wenig förderlich ist hingegen das Gefühl, zwischen zwei Mühlsteine geraten zu sein und teilweise zermalmt zu werden. Wovon der größere und schwerere häufig die Mutter ist …

Wer hat denn wirklich die Pflicht und Aufgabe, achtsam über das Wohl und die Erziehung eines Kindes zu entscheiden? Wechselweise Vormundschaftsbehörden, Psychologen, Beratungsstellen, Mediziner, Lehrer, Anwälte, Polizisten, Sozialarbeiter, Richter oder Mediatoren? Ich meine, nein. Das sind Auswüchse dieser wuchernden, höchst profitablen Scheidungsindustrie in einer zunehmend leistungsorientierten Gesellschaft, die allmählich eine gewisse moralische Werteordnung vermissen lässt und sich umso mehr um Stellenausbau und Paragrafenreiterei bemüht.

Fakt ist und bleibt, dass die Hauptverantwortung für einen heranwachsenden jungen Menschen nach wie vor bei dessen Eltern liegt. Und zwar bei beiden Elternteilen, so zerstritten diese auch sein mögen. Diese prägen, ob nun getrennt lebend oder nicht, lebenslänglich maßgebend das Selbstwertgefühl und das Beziehungsbewusstsein des gemeinsamen Kindes – und sicher nicht der Staat.

# Die große Frauen- und Muttermacht

# Ein Mann spricht über Maternal Gatekeeping und rät zu mehr Beziehungswillen

»Vergessen Sie's. Schreiben Sie lieber ein Buch über Hunde. Das bringt Ihnen zudem Sympathien ein«, winkte ein bereits älterer Vater ab, der keinen Kontakt zu seiner Tochter mehr hat, auch seinen Enkel nicht kennt und eigentlich gar nicht mit mir über seine Ehe sprechen wollte. Aber dann klappte es doch, wahrscheinlich, weil er und ich bei den Spaziergängen mit unseren Hunden schon mehrfach offen und unkompliziert miteinander geplaudert hatten.

»Solange eine Mutter nicht verstehen kann, dass Kinder zu den Eltern eine andere Beziehung haben als Eltern untereinander, wird auch aus dem gemeinsamen Sorgerecht nie was. Wenn Mütter sperren, hilft gar nichts, die sind nämlich echt mächtig, die Mamis, vor allem dann, wenn das gemeinsame Kind bei ihr lebt. Sie bilden das Bollwerk zwischen uns und den Kindern, auch schon während der Ehe. Was wir Männer da von euch Frauen bevormundet werden, geht sowieso auf keine Kuhhaut.«

»Meinen Sie damit, dass Mütter die Kinder von den Vätern fernhalten?«, fragte ich. »Maternal Gatekeeping?«

»Maternal wie viel? Schon wieder einer dieser unverständlichen Anglizismen. Sprechen wir doch deutsch, bitte. Auch wenn das Sujet hässlich ist.«

»Mütterliches Türehüten, damit der Vater außen vor bleibt. Das beginnt aber bereits in der Zweierbeziehung. Sie sagten vorhin, dass wir Frauen euch Männer bevormunden. Das wär's eigentlich bereits: Viele Frauen meinen, es sowieso besser zu wissen in häuslichen Belangen. Was für euch Männer durchaus bequem sein kann, ihr müsst nämlich nichts mehr tun, es wird eh nachgebessert oder ihr werdet mit Vorwürfen zugedeckt.«

»So war's mit meiner Ex, genau so! Ich nannte sie den Haustiger, weil sie mit Zähnen und Klauen alles verteidigte, was ich ihr eigentlich abnehmen wollte. Sie sagte jeweils, ich sei ungeschickt und sie sowieso gründlicher und schneller. Mit der Zeit tat ich im Haus rein gar nichts mehr. Aber das war ihr dann auch wieder nicht recht. Sie beklagte sich ständig bei ihren Freundinnen über mich faulen Tropf.«

»So beginnt es häufig. Eine Form von mangelhaftem weiblichen Selbstwertgefühl, die mittels Übereffizienz im Haus und Kontrolle über den Mann überspielt wird. Das schweißt ähnlich defizitäre Frauen zusammen, der angeblich unzulängliche Mann wird zum verbindenden Kitt in deren freundschaftlichen Beziehungen. Wenn noch ein Kind dazustößt, laufen diese Frauen erst recht zur Höchstform auf. Da wird eine zum Muttertier, sie erlebt in dieser Rolle eine zusätzliche, für sie einzigartige Form weiblicher Kompetenz.

Mutterschaft stabilisiert ihr ansonsten geringes Selbstbewusstsein, das sie nun endlich kompensieren kann, sie wird zur Übermutter. Väter, die sich allzu sehr in die Erziehung einmischen, stören dieses eh nur labile Gebilde. Das wär's in Kurzform.«

»Hab verstanden. Väter stören also?«

»Ja, sie nehmen der Frau wieder etwas weg, ohne es zu merken. Und da Väter häufig lockerer mit ihrem Kind umgehen, das Kind sie trotzdem oder gerade deswegen heiß liebt, kommen jetzt auch noch Eifersucht und Neidgefühle zum Tragen. Den Frauen entgleitet die Kontrolle, sie fühlen sich rundum infrage gestellt.«

»Hm. Wie äußert sich das?«

»Sie bevormunden ihre Partner oder Ehemänner, gerade so, wie Sie es sagten. Sie lassen die Männer nicht wirklich an die Kinder ran, sie reden überall rein, sie wollen auf Teufel komm raus keine Verantwortung abgeben. Im Gegenteil, sie blühen förmlich auf in all den verschiedensten Aspekten der Kindererziehung, die sinnstiftend wurde für die eigene Existenz. Sie fühlen sich als ungemein wichtige Expertinnen. Um ihre Stellung abzusichern, reden sie in Gegenwart der Kinder lächelnd oder ernsthaft abwertend über deren Väter, geben ihnen zu verstehen, dass Mama eh alles besser weiß, dass Papa eigentlich ein Trottel ist, nett, aber nicht ganz vollzunehmen.

Oder machen den Vater gleich zum totalen Buhmann. So

oder so, diese Frauen disqualifizieren ihre Männer, ohne zu merken, dass sie sich selbst damit herabwürdigen. Traurigerweise für die Beziehung Kind-Vater können Kinder die tragische Tragweite dieses Gatekeepings lange nicht erkennen, vielleicht sogar nie.«

»So, so. Ja, das kenne ich gut. Meine Ex nahm mir damals alles aus der Hand, was mit dem Kind zu tun hatte. Dass sie nicht noch Anleitungsbroschüren schrieb für die wenigen Stunden, die ich mit meiner Tochter alleine verbringen durfte, war direkt erstaunlich. Natürlich machte ich in ihren Augen nur Fehler, die meiner kleinen Tochter piepegal waren und mir auch. Wir hatten es auch nach der Trennung einfach schön miteinander, auch wenn sie bei mir zu spät ins Bett ging, Kinderfilme noch und noch anschauen konnte, aufgewärmte Fertigmahlzeiten erhielt und stundenlang mit mir auf dem Flipperkasten spielen und im Sommer auf meinem Rücken im See schwimmen durfte. Wir hatten Spaß miteinander und liebten uns. Ich habe heute noch in einem Fotoalbum einen Sticker von ihr mit der Aufschrift ›Daddy is the best‹ und ein inzwischen fadenscheiniges T-Shirt mit dem Schriftzug ›World's Best Dad‹.«

»Eine gute Vater-Kind-Zeit …«

»Yep. Aber schließlich siegte ihre Mutter mit ihrer Polemik. Die Besuche wurden spärlicher, obwohl ich stets großzügig war hinsichtlich der steigenden Unterhaltsforderungen meiner Ex. Ich hatte ja genug Geld. Aber ihr Verhalten nahm mir das Kind und bescherte mir zudem ein böses Magengeschwür, das mich zeitlebens begleiten wird.«

»Es muss sehr wehgetan haben, beides …«, murmelte ich. Inzwischen saßen wir gemütlich auf einer Holzbank, mitten im Wäldchen, und unsere Hunde spielten um uns herum. Es war sonnig, die Blätter der Bäume waren herbstlich verfärbt. Ein schöner Rahmen für ein trauriges Gespräch. »Was geschah dann?«

»Als meine Ex wieder heiratete, war endgültig Sense. Meine pubertierende Tochter stellte mir merkwürdige Fragen, wurde zunehmend ablehnender, um mir schließlich an den Kopf zu werfen, sie wisse nun Bescheid über meine Vergangenheit und auch über meinen Gefängnisaufenthalt (der notabene kurz war und noch vor meiner Ehe stattgefunden hatte).

Ich sei vorbestraft, ein Dieb, ja, wahrscheinlich ein halber Mafioso, deswegen sei ich ja so reich. Mein Geld sei schmutzig, meine Moral ebenso. Dass ich noch während des Absitzens meiner Strafe eine der ersten interaktiven Softwares entwickelt und später gegen gutes Geld verkauft hatte, schien sie nicht zu glauben. All unsere Gespräche, meine Erklärungen, ja sogar das mich zutiefst demütigende Offenlegen meiner Konten auf Anweisung ihrer Mutter nützten einen feuchten Dunst. Ich erniedrigte mich einer unverständigen Vierzehnjährigen gegenüber, du lieber Gott! Ich kann irgendwie nachvollziehen, warum sie sämtlichen Respekt vor mir verlor. Im Glauben, sie überzeugen zu können, verlor ich all meine väterliche Souveränität und Autorität, ich machte mich selber zum Hampelmann ihrer Mutter.

Zudem schoss der zweite Mann meiner Ex offenbar aus demselben Rohr, er empfahl, gemeinsam mit ihrer Mutter, eine ›gesunde Distanz‹ zu mir zu wahren. Schlechte Moral und deren Kreise würden abfärben, mir sei de facto nicht zu trauen, sie müsse an ihr eigenes Leben und ihren zukünftigen Beruf denken.«

»Ging sie zur Polizei? Ich meine, machte sie eine Ausbildung als Polizistin?«

»Haha! Nein, sie wurde und war Floristin.«

»War?«

»Yep. Sie hat gut geheiratet, dann war's offenbar nicht mehr nötig, sich die Hände schmutzig zu machen. Kurz: Irgendwann mal sah ich meine Tochter überhaupt nicht mehr. Ich erhielt irgendwann eine Hochzeitsanzeige, sendete ihr und ihrem hochkarätigen Mann, auf den Stockzähnen böse grinsend, einen größeren Scheck (der erwartungsgemäß sehr schnell eingelöst wurde). Etwas später kam dann eine Geburtsanzeige mit der handschriftlichen Notiz, mich bitte dem Kind nicht zu nähern.«

Ich konnte nur stumm den Kopf schütteln.

»Ich schickte trotzdem – dieses Mal ohne Grinsen – einen Scheck, allerdings ausgestellt auf den Namen meines Enkels, zusammen mit einer Glückwunschkarte mit der Unterschrift: Tony Soprano, Mafioso und Großvater. Ich konnte nicht widerstehen, ich bin eben auch nachtragend. Auch dieser Scheck wurde eingelöst, ebenfalls kommentarlos. Da rund um meine Tochter so viel über Moral gesprochen wird, gehe ich davon aus, dass mit dem Geld korrekterweise ein erstes Sparkonto für meinen Enkel eingerichtet wurde.«

Auch dazu gab es nichts zu sagen, zumindest fiel mir nichts ein. Wir schwiegen und kraulten unsere Hunde.

Mein Gesprächspartner holte tief Luft. »Sie sehen, ich erlebe diesen Zustand von Maternal Dings sogar über zwei Generationen hinweg. Nur, dass ich längst beschlossen habe, mein eigenes Leben zu leben und nicht dem nachzutrauern, was hätte sein können.«

»Sie hätten als naher Verwandter, als Großvater das Recht, den Umgang mit Ihrem Enkel zumindest einzufordern …«, sagte ich leise.

»Und damit dem armen Kind Probleme zu bereiten? Vielleicht sogar dieselben, über die meine Tochter damals gestrauchelt ist? Ich bitte Sie! Ich habe damals aus väterlicher Verantwortung mein Kind losgelassen, ohne gegen die Verleumdungen meiner Ex anzugehen, weil ich meiner Kleinen den Loyalitätskonflikt ersparen wollte. Ich hätte gerichtlich vorgehen können, ich tat es aber nicht. Warum also sollte ich jetzt Unruhe stiften? Es würde nur Schaden anrichten.«

»Aber ein Kind hat ein Recht auf beide Elternteile und auch auf seine Großeltern und eventuelle Geschwister …«

»Ja, ja, sagt der Gesetzgeber. Das weiß ich doch alles. Ich gehe aber davon aus, dass ein jeder Mensch ein Selbstbestimmungsrecht hat. Meine Tochter hat in diesem Sinne sich gegen mich bestimmt, mein Enkel wird vielleicht in einigen Jahren sich anders bestimmen, wer weiß? Er wäre mir auf jeden Fall jederzeit willkommen. Zeit kann etwas Wunderbares sein, sie kann Dinge zum Guten verändern.«

»Und wenn nicht?«

»Dann kann, wie bei mir, so doch Ruhe einkehren und damit eben auch Zufriedenheit und sogar Glück. Ich habe mein Leben und meine Beschäftigung (eine legale!), meine wunderbare Freundin und gute Bekannte. Ich werde keine Energie mehr verschwenden, um gegen falsche Anschuldigungen und Vorurteile im eigenen Familienkreis anzukämpfen. Die eigene Familie kann nämlich eine wahre Mördergrube sein, wenn das Negative zur eigentlichen Beziehungsgrundlage wird. Enorm schädlich auch für ein Kind, das ja gar nicht wissen kann, wem es glauben soll und wem nicht.

Es würde ja bloß erleben, wie früher oder später seine Eltern und ich uns streiten, weil unweigerlich die Vergangenheit durch und durch gekaut würde samt allen möglichen Schuldzuweisungen. Wofür denn? Bringen tut all das nichts mehr, außer erneut Schmerz und Wut auslösen, alte Narben aufreißen. Dem setze ich mich nicht mehr aus. Diese Jahre sind unwiederbringlich vorbei. Es tut mir nicht mal leid für meine bereits wieder geschiedene Frau. Sie hat eine böse Saat gestreut.«

»Sie kämpfen überhaupt nicht mehr?«

»Sagte ich doch. Ich habe lange genug versucht, Überzeugungsarbeit zu leisten, irgendwann mal aber wurde es zur Entscheidung meiner Tochter. Da war sie alt genug, sich für die eine oder andere Seite zu entscheiden. Was sie auch getan hat.«

»Warum haben Sie sich von Ihrer Frau getrennt?«

»Wollen Sie es wirklich wissen?« Er bückte sich und gab seinen Hunden Leckerlis. Ich wartete und wartete. »Ich hatte parallel eine Geliebte, die Sache flog auf und damit ich aus dem Haus und der Familie. Sie sehen, ich war schuld. Der Mann ist sowieso meistens schuld, wenn die Beziehung auffliegt.«

»Das sehe ich nicht so, aber das ist eine andere Geschichte. Tut es Ihnen leid wegen damals?«

»Nur wegen meiner Tochter. Also nicht wegen der Frau, zu der sie geworden ist und die mir nicht sonderlich sympathisch ist, sondern ich trauere noch ab und zu um meine junge Tochter, um mein damaliges Kind. Dem gehört ein Teil meines Herzens auf immer. Der ›World's-Best-Dad‹ seinem Kind. Sie verstehen?«

»Tu ich. Hätte es aber nicht eine, hm, bessere Art der Trennung gegeben? Noch vor der Parallelbeziehung?«

»Ich war jung, mir gehörte die Welt, und meine Frau war mir zur Gewohnheit geworden. Schlimm, nicht? Wie gesagt, ich finde, ich war schuld.«

»Was raten Sie Trennungsvätern?«

»Vor dem Ende? Vielleicht zu mehr Beziehungswillen, zu mehr Durchhaltevermögen.«

»Beziehungswille … Das habe ich noch nie gehört. Der Ausdruck gefällt mir. Aber das trifft wohl für beide Seiten zu, sonst würde es keine langjährigen Beziehungen geben können.«

»Ich glaube fast, viel eher für uns Männer. Wir sind ablenkbarer, verführbarer, weniger konzentriert auf Haus und Herd, im übertragenen Sinn natürlich. Mit mehr Beziehungswillen käme es vielleicht gar nicht bis zu einer Trennung … Was eindeutig besser wäre für ein Kind.«

»Und jetzt, wenn es halt doch schiefgeht: Was raten Sie solchen Trennungsvätern?«

»Kämpft gegen die Muttermacht! Lasst ja nicht locker! Ihr seid es euch und eurem Kind schuldig. Wenn aber trotz allem das Kind sich einmal dazu entschließen sollte, den Vorgaben einer unversöhnlichen Frau zu folgen, könnt ihr getrost die Hände in Unschuld waschen. Ihr habt euer Möglichstes getan, jetzt kümmert euch um euch und euer Leben. Hoffentlich noch rechtzeitig, bevor ihr zum Opfer werdet, vereinsamt seid und schmerzhafte Magengeschwüre entwickelt habt. So, jetzt reicht es mir! Das Wetter ist zu schön für solche Gespräche über tempi passati.«

Er erhob sich, pfiff nach seinen Hunden, nickte mir noch kurz zu und setzte den Spaziergang alleine fort.

Als ich ihm meine Zusammenfassung mailte, schrieb er zurück, er habe zwei, drei Dinge gestrichen, ansonsten sei er mit allem einverstanden, möchte aber nie mehr darüber reden. Dieses Kapitel seines Lebens sei abgeschlossen. In Zukunft würden wir bei gemeinsamen Spaziergängen wieder hauptsächlich über unsere Hunde und über Politik plaudern.

Mir bleibt sein wundervoller Begriff »Beziehungswille« stets gegenwärtig.

# Frauenmacht versus männliches Recht aufs eigene Sperma

»I feel personally victimized…«, erzählte mir ein Student. Seine Freundin hatte ihm bei einem Champagnerfrühstück eröffnet, dass sie von ihm schwanger sei. Als sie statt Freude seine Abwehr bemerkte, habe sie nur trocken gesagt, dass sie sich von ihm ein Kind gewünscht habe, keinesfalls abtreiben, aber sehr wohl seinen Namen angeben werde. Das Kind brauche einen Vater und sie den Unterhalt.

»What shall I do? What can I do? I don't want a child, not yet and not from this woman. But what about the baby and its future? I feel personally victimized by my girlfriend!«

Was hätte ich denn diesem jungen Mann sagen sollen? Dass er die Verhütungsmaßnahmen seiner Freundin ständig hätte überprüfen sollen, möglichst vor jedem Geschlechtsverkehr? Dass er zusätzlich noch ein Kondom hätte einsatzbereit haben müssen? Dass grundsätzlich keiner Frau zu trauen sei, die sich ein Kind wünscht, obwohl der Mann sich dagegen ausgesprochen hatte? Dass Frauen ausgesprochen egoistisch und eigenmächtig handeln können? Also auch nicht davor zurückschrecken, eine Schwangerschaft als Druckmittel einzusetzen, und sei es in der Hoffnung, einen Mann so an sich binden zu können?

Was aber bleibt Ian, so der Name des Austauschstudenten, anderes übrig, als sich nun in aller Bewusstheit dafür zu entscheiden, ein Zahlvater zu sein und sich später halt den eventuellen Vorwürfen seines ihm unbekannten Kindes stellen zu müssen? Dann sollte er wohl jetzt die Schultern zucken, sein Bankkonto überprüfen und der Kindsmutter mitteilen, es werde ihr Problem sein, ihrem Kind einmal gestehen zu müssen, dass sie dessen Vater »victimized« habe. Schafft er das? Ist er dafür kaltschnäuzig genug?

Und wie geht er anschließend mit der moralischen Komponente um, mit dem Wissen um das Kindeswohl, dem Anspruch und Recht des Kindes auf seinen Vater? Wird er zwar Vater sein, dabei aber keinesfalls Partner seiner Freundin bleiben wollen? Und was ist, wenn die Frau sich in irgendeiner Form rächen wird, dass ihre Strategie nicht aufging? Wenn er zum Beziehungsopfer wird? Was geschieht dann mit Vater und Kind?

»I feel personally victimized…« dürfte hier die einzig mögliche Zusammenfassung sein – und eventuell, Jahre später, auch die des Kindes, das nie verlangt hat, gezeugt zu werden und auf die Welt zu kommen. Schuldig im Sinne der Anklage, müsste es da meiner Ansicht nach für derart eigenmächtig vorgehende Frauen heißen.

Lutz Bierend aus Börnsen, IT-Spezialist, Trennungsvater und fleißiger Blogger, kommentierte auf Anfrage diese für einen Mann ausgesprochen schwierige Situation:

»Das ist schon mal keine gute Ausgangslage, für niemanden. Denn es ist Machtausübung. Je eindeutiger ein Ja von beiden Partnern für ein Kind da ist, desto größer sind meiner Meinung nach die Chancen für das Kind, dass beide Elternteile auch wirklich an seinem Wohlergehen interessiert sind. Mit anderen Worten: Je mehr ein Mann die Möglichkeit hat, die Familienplanung auch zu seiner persönlichen Entscheidung zu machen, desto größer ist die Chance, dass er auch in Konflikttrennungen zu seiner Entscheidung und damit zu dem Kind steht.

Insofern möchte ich sagen, dass das Grundsätzliche, das sich zuerst mal verbessern sollte, das gesellschaftliche Rollenbild des Mannes ist. Männer sollten endlich für sich selbst klar definieren können, wer sie sind und was sie wollen …«

Ja, Lutz, da haben Sie durchaus recht. Aber gerade in dieser Beziehung wird es für euch Männer ausgesprochen schwierig, emanzipierteres Rollenbild hin oder her. Denn wir Frauen sind mächtige Wesen, auch hier so richtige Gatekeepers. Wir sind es, die letzten Endes bestimmen können, ob ein Kind entstehen und geboren werden kann.

Sie hingegen, als Mann, wissen am Anfang einer Beziehung noch nicht, ob Sie der Ehrlichkeit und einem ganz grundlegenden Anstand und Verantwortungsgefühl einer Frau trauen können oder ob Sie nicht ganz einfach, in schnöder Berechnung, über den Tisch gezogen werden, um sich dann als bloßer Ernährer wiederzufinden.

Sollte hingegen einer Frau eine Schwangerschaft tatsächlich einfach »geschehen« wegen einer Verhütungspanne, wird wiederum sie, und nur sie, darüber entscheiden können, was mit dem Baby geschehen soll. Vielleicht geht sie auf die Gefühle des Mannes ein, auf den Vorschlag, dass er heiraten möchte, oder dass er beziehungsweise seine Eltern das Kind großziehen möchten. Vielleicht auch nicht. Je nachdem lässt sie abtreiben oder gibt das Kind zur Adoption frei. Sie kann und darf das. Sie ist die Mutter, und der Mann hat bloß einige seiner Spermien abgegeben.

Ich denke, dass dies ein Thema ist, das sich im Laufe der männlichen Emanzipation recht bald breitmachen könnte. Nämlich dass der Mann ein Mitsprache- und Entscheidungsrecht verlangt, was Abtreibung oder Adoption seines illegitimen Kindes betrifft. Damit weder er noch sein Kind zum Beziehungsopfer werden. Ich nenne dieses Thema schon mal »Das Recht aufs eigene Sperma«. Einverstanden, Lutz?

# Männer als Beziehungsopfer?!

## Ein allgemeines Wahrnehmungsproblem

Ja, Männer können durchaus Beziehungsopfer sein, in verschiedenster Hinsicht! Dass dies nur spärlich ins allgemeine Bewusstsein dringt, hat damit zu tun, dass Männer zurückhaltender sind im Preisgeben ihrer persönlichen Probleme und Beziehungsgeschichten. Dadurch aber auch einsamer.

Sollte auch noch Gewalt im Spiel sein, fürchten Männer ganz grundsätzlich einen Gesichts- und Statusverlust. Gerade da spielt dem Mann sein wenig emanzipiertes gesellschaftliches Rollenbild mitunter böse mit.

Irgendwie scheint das nach wie vor nicht zum maskulinen Image zu passen, sich emotional zu offenbaren, sprich: Schmerz, Schwächen, Trauer und Niederlagen eingestehen zu können. Dadurch entsteht der vorherrschende Eindruck, dass Männer nur selten Opfer sind, und schon gar nicht wegen Trennungen und Scheidungen. Männer haben Felsen zu sein. Diese Seite der Macho-Rolle hat noch nicht ausgedient, die Emanzipation noch nicht stattgefunden.

Wohl gründen betroffene Männer Gruppen und Vereine und tauschen sich rat- und hilfesuchend untereinander aus. In der Öffentlichkeit jedoch treten sie als Individuen zurückhaltend auf, aus Sorge, dass sich solche Bekenntnisse karriere- und rufschädigend auswirken könnten. Mit dem Resultat, dass gerade Trennungsväter große Mühe haben, mit ihren jeweiligen Sorgerechtsproblemen hinreichend Aufmerksamkeit zu erregen, so, dass auch Behörden sich darauf einstellen müssten, schneller und wirkungsvoller einzugreifen und vermittelnde Unterstützung zu leisten.

Ob gramgebeugt, zornig, finanziell ruiniert, verbittert, krank, alkoholabhängig oder klar kämpferisch: Trennungsväter werden so oder so gerne als Borderliner abgestempelt und stigmatisiert, da charakterlich wahrscheinlich unstet (warum sonst wären sie in dieser Situation?). Zudem sind sie garantiert selber schuld an ihrer Misere (sicherlich nachlässig als Ehemänner und allzu locker-oberflächlich als Väter gewesen?). Oder schlichtweg unnötig konfliktschürend, da sie es der Ex nachtragen, dass sie sie rausgeworfen hat. So bleiben viele Schicksale von Trennungsvätern und deren Kindern unbekannt oder, falls sie als Einzelfall süffig genug sind, erhalten einige Schlagzeilen oder kurze Momente der Aufmerksamkeit via Leserbriefe.

Es könnte durchaus sein, dass ausgerechnet Männer zum Bauernopfer ihrer eigenen, patriarchalisch ausgerichteten Denk-, Arbeits- und Lebensweise geworden sind. Einfach, weil sie sich selbst und freiwillig in ein emotional enges Korsett haben einschnüren lassen, das nach der altbekannten Männerideologie, ein echter Indianer kennt keinen Schmerz, funktioniert.

Was in diesem Fall zur eigentlich berechtigten Frage führt: Warum sollte ausgerechnet solch ein Indianerverschnitt einen Empathie-Bonus erhalten, erst recht nach einer unschönen Trennung? Warum ausgerechnet ihm mit Anteilnahme und Verständnis begegnen, wenn er sich gegen seine mitleidheischende Ex stellt, weil er die Stirn hat, Anspruch auf sein Kind zu erheben, und das noch als Quality Time für Vater und Kind bezeichnet? Wenn doch schon länger sattsam bekannt ist, dass er während der Partnerschaft ja doch nur an den Wochenenden, wenn überhaupt, Zeit mit seiner Familie verbrachte …

Interessant an diesem weitverbreiteten Rollenbild scheint mir die Tatsache, dass, solange die Paarbeziehung besteht, dem Mann seine (aus welchen Gründen auch immer) geringere Ausübung elterlicher Pflichten nie wirklich zum Vorwurf gemacht wird. Die (Ehe-)Frau nörgelt zwar an ihm herum und beschwert sich im Freundeskreis (»Nie kommt er rechtzeitig nach Hause« – »Selbst die Wochenenden gehören dem Job/Verein/Sport etc.« – »Den Kindergeburtstag hat er schon wieder vergessen«). Rechtlich gesehen ist da aber die Welt noch völlig in Ordnung, niemand spricht vom Kindeswohl. Väter sind nun mal häufiger abwesend, Mütter zuständiger, Kinder gedeihen trotzdem.

Kaum aber erfolgt eine Trennung oder Scheidung, wird paradoxerweise ausgerechnet das im Familienrahmen jahrelang erlebte Satellitendasein des Mannes zum großen, überaus wichtigen Argument – und damit zur juristischen Hauptwaffe einer wütenden Frau. Plötzlich fallen ihr eine Menge Gründe ein, die allesamt die Anschuldigung erhärten sollen, dass dem Kindsvater nicht zu trauen ist, ihm das Umgangsrecht erschwert sein sollte und eventuell das Sorgerecht entzogen.

Müssten hier die zuständigen Behörden und Familiengerichte sich nicht allmählich am Kopf kratzen? Und die Gutachter gründlicher nachfragen und lösungsorientierter arbeiten? Und wir alle dringend umdenken?

Ja, Beziehungsdelikte werden gemäß weltumfassenden Statistiken hauptsächlich von Männern verübt, was einer Verbesserung des Rollenbildes in der öffentlichen Wahrnehmung kaum dienlich ist. »Da ist wieder einer bös ausgerastet, weil sie ihm die Fernbedienung weggenommen hat, sonst wäre ihr das Essen kalt geworden«, gehört zu den gängigen Männerwitzen, wenn häusliche Gewalt zur Sprache kommt. Nein, als emanzipiert kann das vorherrschende männliche Rollenbild nicht interpretiert werden, beim besten Willen nicht.

Was aber, wenn die Perspektive sich wie in einem gedrehten Kaleidoskop verschiebt? Ein anderes Muster wahrgenommen werden muss? Wenn gerade Gewalt, diese eigentliche Männerdomäne, eben doch nicht immer in männlicher Gestalt daherkommt? Wenn auch Frauen zuschlagen, sei es nun aus Wut, Frust oder schlichtweg Enttäuschung? Wenn Frauen ebenfalls misshandeln? Plötzlich stimmen da schon mal etliche Klischees nicht mehr. Rollenbilder kippen, Sexismus wird auf einmal andersrum wahrgenommen. Umdenken ist tatsächlich angesagt.

# Schutzbedürftige Männer schämen sich

Alleine in der Schweiz weisen die Zahlen des Bundesamtes für Statistik aus, dass im Jahr 2012 jedes vierte Opfer häuslicher Gewalt ein Mann war. Männer, die von ihren Frauen misshandelt werden. Und wenn die irgendwann mal, tief beschämt, Anzeige erstatten, müssen sie erleben, dass sie selbst dann nur wenig ernst genommen werden. Wie bitte, Ihre Frau als Aggressorin, als Täterin?! Sie machen wohl Witze, der Herr!

»Sie sind doch ein großer, starker Mann. Wie ist es überhaupt möglich, dass ...«, musste sich ein Mann von einem Polizeibeamten anhören, als er, noch völlig verstört, mitten in der Nacht die Angriffe seiner Frau zu Protokoll geben musste. Sie hatte all seine Sachen, Kleider wie technische Geräte, aus dem Fenster geworfen und ihm, als er sich ihr in den Weg stellen wollte, mit dem Brotmesser den Unterarm aufgeschlitzt, den er schützend vors Gesicht gehalten hatte.

Bislang hatte sie sich anscheinend bei Streitigkeiten damit begnügt, ihm Gegenstände an den Kopf zu werfen und ihn zu schlagen, daran hatte er sich einigermaßen gewöhnt. Es habe durchaus auch gute Zeiten gegeben, solch schlimme Ausfälle seien eher seltener Art, sie sei eben sehr eifersüchtig, erklärte er niedergeschlagen dem Beamten. Dieses Mal aber mussten Ambulanz und Polizei anrücken, und die schlechten Zeiten wurden aktenkundig. Fast mehr als das unausweichliche Scheitern seiner Ehe machte ihm sein Gesichtsverlust zu schaffen. Der Mann schämte sich zutiefst, er fühlte sich stigmatisiert.

Ja, Männer schämen sich um einiges mehr als Frauen, wenn sie schließlich doch zugeben müssen, Gewaltopfer zu sein. Es entspricht nicht der männlichen Ideologie, schutzbedürftig zu sein oder zu werden – und schon gar nicht einer Frau wegen. Die Sorge vor dem Spott und Hohn der näheren Umwelt, der Kollegen spielt da eine nicht unwesentliche Rolle (»Der Kerl lässt sich doch tatsächlich von seiner Alten kloppen, der Schlappschwanz, der!«). Aber Tatsache ist nun mal, dass niemand, der es nicht selbst erlebt hat, sich vorstellen kann, welche unglaubliche Auswirkung Gewalt auf einen Menschen haben kann, egal, ob weiblich oder männlich.

Bei jeder gezielt zugefügten Verletzung innerhalb einer Beziehung geht beim Opfer auch ein Stück Seele verloren. Selbstwert wie Selbstbewusstsein bröckeln im selben Maß, wie die innere Isolation wächst. Das Bedürfnis nach Hilfe wird unterdrückt, die traurige Realität schöngeredet, und dadurch nimmt die affektive Verflachung mehr und mehr zu.

Opfer häuslicher Gewalt sind meistens über längere Zeitspannen gute Schauspieler und erklären die sichtbaren, die körperlichen Verletzungen mit allerlei Histörchen über Treppenstürze, gegen die Wand gelaufen, allzu niedrige Türrahmen, Ausrutscher auf nassen Böden etc. Bis es einmal allzu offensichtlich wird. Männer, gefangen in ihrem engen Rollenkorsett, halten im Sich-Verstellen länger durch als Frauen, sie haben imagemäßig deutlich mehr zu verlieren.

Noch schwieriger ist es für einen Mann, sich eingestehen zu müssen, dass er zum Opfer psychischer Gewaltausübung seiner Frau wurde beziehungsweise nach wie vor wird. Die hinterlässt zwar keine äußerlichen Beulen, Dellen oder Schnittwunden, zielt aber auf die Verletzung der persönlichen Integrität des (Ehe-)Mannes.

Gerade dessen Sexualität, seine Potenz (oder fehlende Potenz), sein beruflicher Erfolg (oder das Fehlen desselben) sind empfindliche Zielscheiben, wahre Achillesfersen für weibliche Angriffe in Form von Ausbeutung, Demütigung und Erniedrigung – ein weiteres Tabuthema. Welcher Mann würde diese Angriffe, diese hässliche Gewalt, schon offenbaren wollen? Und wer würde ihm helfen?

»Frauen sind von der Gesellschaft sowieso auf die Opferrolle abonniert und werden mit Mitgefühl zugepflastert, völlig ungeachtet, was die teilweise zusammenlügen. Wir Männer hingegen erleiden gleich doppelten Schaden, wenn es sich herumspricht, dass wir uns von der eigenen Frau angeblich haben misshandeln lassen. Wir werden als Loser gebrandmarkt, wir sind gestrauchelte Existenzen. Zudem wird uns mit Misstrauen begegnet, weil davon ausgegangen wird, dass wir mit solchen Schauergeschichten ja nur versuchen wollen, die Behörden hinters Licht zu führen, um dann die arme, arme Frau bei der Scheidung finanziell übers Ohr hauen zu können«, hörte ich aus einer Selbsthilfegruppe für misshandelte Männer.

Eine mir gut bekannte Sozialarbeiterin, die namentlich nicht genannt werden möchte, schilderte, wie häufig in Fällen häuslicher Gewalt Frauen und Mütter die eigentlichen Täterinnen sind: »Unsere Gesellschaft weigert sich einfach, zur Kenntnis zu nehmen, dass Frauen unglaublich aggressiv sein können, zudem ausgesprochen kreativ im Erfinden von Schikanen. Kinder werden von ihren Müttern geschlagen, gezwickt, an den Haaren gezogen, im Putzschrank eingesperrt, erhalten nichts zu essen, müssen nächtelang in schmutzigen Betten schlafen, weil sie wieder mal eingenässt haben, werden zur Strafe tagelang nicht angesprochen, erhalten kein Geld für eventuell benötigte öffentliche Verkehrsmittel, werden als kleine, billige Hausdiener benützt. Da gibt es nichts, was es nicht gibt.

Männer werden, da an Körperkraft meist überlegen, halt im Schlaf attackiert oder während sie an ihren Computern oder vorm Fernseher sitzen. Tschack – eine leere Bierflasche von hinten auf die Rübe, weil er sich wieder mal nicht um Madame bemühte, diese sich vernachlässigt fühlt oder ihn für sonst etwas bestrafen will. Diesen Frauen und Müttern fehlt zudem jegliches Unrechtsbewusstsein, sie fühlen sich völlig im Recht.

Und nein, sag mir jetzt nicht, dass die psychisch gestört sind und dringend Hilfe brauchen. Ich kann diese Erklärung nicht mehr hören! Deren Männer und Kinder bräuchten Hilfe. Nur kriegen die sie nicht, weil niemand glaubt, dass Mütter, diese heiligen Kühe, sowas tun könnten. Schließlich sind es ganz normale Frauen wie du und ich. Du triffst sie tagtäglich im Supermarkt, auf dem Spielplatz, irgendwo.

Wenn Männer dann doch mal den Mut aufbringen, eine Anzeige zu erstatten, werden sie kaum je ernst genommen, es wird nicht wirklich ermittelt und somit auch kein Verfahren eröffnet. Häusliche Gewalt, ausgeübt von Frauen, ist in der Wahrnehmung ein völliges No-Go. Wenn Opfer, dann bitte nur weiblich! Das passt einfach besser in unsere längst ausgelatschten, dafür umso bequemeren Rollenklischees.«

Unschön! Mir ist durchaus bekannt, dass Gewaltausübung in einer Beziehung beim Täter, ob Mann oder Frau, mit Minderwertigkeitsgefühlen, entsprechend übersteigertem Machtanspruch und gleichzeitiger Angst vor Kontrollverlust zu tun hat. Das Opfer, ob Mann oder Frau, verspürt trotz aller Versehrtheit diffuse Schuldgefühle, immer in der Meinung, der »Vorfall« hätte vielleicht vermieden werden können, wenn es sich anders, besser, angepasster, verständnisvoller gezeigt und verhalten hätte. Wenn es nicht provoziert hätte … Ein gängiger Irrtum, der bei dem Opferprofil von Mann und Frau deckungsgleich ist. Allerdings ist nur dieses Schuldgefühl deckungsgleich, nicht aber das Aufklärungs-, geschweige denn Hilfsangebot!

Während ich an diesem Buch schrieb, gab es in der Schweiz nur ein einziges wirklich funktionierendes Männerhaus, in ganz Deutschland deren zwei, in Österreich eins, während in Italien am dritten gebaut wurde. Dem standen in der Schweiz 17 überfüllte Frauenhäuser gegenüber, in Deutschland 363, in Österreich 30 und in Italien 43. Sowohl in Deutschland, in der Schweiz, in Österreich wie in Italien wird der Mangel an Frauenhäusern nach wie vor heftig beklagt – vom dringenden Bedarf an Männerhäusern spricht kaum jemand. Indianer kennen ja keinen Schmerz.

Wer überlegt sich denn, wohin ein Mann gehen kann, wenn ihn der Eheschutzrichter aufgrund der (teilweise noch nicht mal überprüften) Anschuldigungen einer Ehefrau dazu verdonnert, innerhalb dreier Tage das gemeinsame Haus zu verlassen. Denn in gut 90 Prozent der Fälle behält die Frau das Haus oder die Wohnung …

Während Frauenhäuser Subventionen erhalten, von politischer Seite unterstützt werden und thematisch höchst nutzbringend in einen Wahlkampf eingebracht werden können, sind Männerhäuser mit einer peinlichen Note versehen (»Was sind das denn für Kerle? Verjagte Pantoffelhelden? Was tun die überhaupt in so einem Haus? Gemeinsam auf Kissen einprügeln statt auf ihre Weiber? Im Kreis auf dem

Boden sitzen und Silben psalmodieren? Miteinander Kochrezepte ausprobieren? Oder neuerdings stricken, haha!«) und entsprechend nur privat und über Spenden finanziert.

Zusätzlich peinlich fürs Selbstverständnis, wenn aus abgestraften Trennungsvätern auch noch Männer werden, die wegen der abzockenden Ex nicht mal mehr über ein Existenzminimum verfügen! Wer nimmt in unserer nach wie vor von erfolgreichen Männern dominierten Leistungsgesellschaft solche abgehalfterten Typen denn noch ernst, wer?

Wo bleiben da die ehemaligen Peergroups, die nun dazu verhelfen könnten, dass diese »Borderliner« wieder Fuß fassen können? Damit sie wieder Würde und Respekt verspüren dürfen? Gemäß meinen Recherchen helfen hier im Allgemeinen nur Geschädigte den Geschädigten – wiederum im Gegensatz zu all den zahlreichen Frauenhilfsorganisationen, die nicht nur volle soziale Akzeptanz genießen, sondern den Mitarbeitenden auch noch ein gewisses Renommee verschaffen.

Immerhin: 2004 entstand in Bozen ein vom Land Südtirol finanziertes Haus für solcherart verarmte Trennungsväter. Als Aufnahmebedingung gilt, dass ihnen nicht mehr als 650 Euro monatlich zur Verfügung stehen, nachdem sie den Unterhaltsforderungen ihrer Exfrauen nachgekommen sind. Kost und Logis werden ihnen mit 200 Euro verrechnet, ebenfalls monatlich. Ich frage mich, ob das nun die modernen

Clochards sind, durchwegs generiert durch eine boomende Scheidungsindustrie?

Ausgerechnet die Türkei verdient ein Kränzchen: Gemäß dtj-online vom 12. Februar 2013 plant Fatma Şahin, die türkische Ministerin für Familie und Sozialpolitik, über ihr Ministerium ein Männerhaus in Istanbul zu eröffnen – staatlich finanziert. Wenn das nicht fortschrittlich ist!

Und dies in einem Land, in dem ein islamistisch gefärbtes Patriarchat und eine entsprechende Macho-Kultur vorherrschend sind. Dort schafft es eine wirklich emanzipierte Frau, eine Schutzstätte für Männer durchzusetzen, die von ihren Frauen misshandelt wurden. Gewalt ist eben nicht nur männlich oder weiblich – Gewalt hat kein Geschlecht!

# Alex Schwarzer für Väter …

## Männliche Emanzipation wäre gefragt – aber eben auch mütterliche!

Eigentlich sollten kluge, weitsichtig und genderpolitisch denkende Männer schon längst eine Galionsfigur haben, ein maskulines Pendant zu der Feministin Alice Schwarzer. So wenig, wie Frau Schwarzer männerfeindlich ist, wäre dieser Herr Schwarzer frauenfeindlich, sondern ein kraftvoller Befürworter einer Gleichstellung der Geschlechter, auch im emanzipatorischen Sinn.

Wie also wäre es denn mit einem geistig und kommunikativ muskulösen Alex, der Männern zu mehr Standfestigkeit und Wehrkraft – zu mehr öffentlicher Akzeptanz – verhilft? Was gerade bei komplexen Partnerschaftsproblemen, häuslicher Gewalt, bei versuchten Abzocker-Scheidungen, bei strittigen Sorge- und Umgangsrechtsanliegen dringend angebracht wäre. Ein glaubwürdiger Wegbereiter, der sich nicht scheut, Missstände aufzudecken, ohne Ängste vor Diffamierung, Karriereknick und Statusverlust ... Ein Alex Schwarzer eben.

Demnach müsste ein sich wirklich von einem aufgeblähten Macho-Image distanzierender Mann und Vater, ob nun getrennt lebend oder nicht, a) an seinem Eigenbild arbeiten und b) an seiner Glaubwürdigkeit bezüglich emotionaler Kompetenz feilen. Das würde theoretisch bedeuten, sich bewusst zu werden, dass er rechtzeitig eine für sich und seine Beziehungen stimmige und überzeugende Life-Balance zwischen Arbeitswelt und Privatbereich entwickeln sollte. In diesem Fall würde ihm auch im emotionalen Bereich das Recht zugestanden werden, fordern zu können – gerade bei einer Trennung.

»Er war immer ein guter Vater, der sich alle ihm nur mögliche Zeit nahm für die Kinder. Ich brauche keine Umgangsregelung. Sämtliche Termine, die unsere Kinder betreffen, machen er und ich untereinander aus. Hinsichtlich der Kinder hatten wir noch nie ein Problem, und das soll auch so bleiben«, fertigte eine junge Frau ihren Scheidungsanwalt ab, der ihr nahelegen wollte, ja vorsichtig zu sein bezüglich des gemeinsamen Sorgerechts.

Hingegen wird ein im Beziehungsumfeld hauptsächlich abwesender Mann und Vater logischerweise mehr Mühe haben, nach einer Trennung ein geregeltes und zufriedenstellendes Umgangsrecht durchsetzen oder aufrechterhalten zu können. Es fehlt ihm an der nötigen Glaubwürdigkeit, um seine Ansprüche und Forderungen gegenüber einer abweisenden, weil verbiesterten Ex durchzusetzen, die sich zwischen ihn und die Kinder stellen will und zuständige, engstirnige Behörden hinter sich schart.

Bei diesem emotional emanzipierteren Selbstverständnis geht es bei einem Mann keinesfalls darum, »weiblicher« oder

»androgyner« zu werden, sondern schlichtweg authentischer. Der vermeintlich raubeinige, leistungsorientierte Macho soll nicht, wie von Männern (und Frauen) fälschlicherweise befürchtet, von einem Weichspüler ersetzt werden. Das Raubein mit Stoppelbart ist im Beziehungskontext von seinem Verfallsdatum her sowieso längst abgelaufen, wenn auch durchaus noch verwertbar in Werbespots und auf Titelbildern.

Grundsätzlich sollte sich kein Mann mehr dem Diktat eines maroden Rollenklischees unterwerfen, in der irrigen Meinung, ein Atlas-Typ sein zu müssen, auf dessen Schultern die Last der Welt zu ruhen hat. Und ihm ansonsten die Blamage droht, in die Softie-Schublade gesteckt zu werden.

Auch sollte er nicht ins Gegenteil kippen und zum totalen Leistungsroboter verkommen, weil er sich jetzt verzweifelt bemüht, um Himmels willen an beiden Fronten ja eine Maximalleistung hinzukriegen. Eine breit angelegte Studie aus Amerika belegt, dass die Doppelbelastung bei engagierten Männern deutlich zugenommen hat: Diese beteiligen sich vermehrt an der Haus- und Familienarbeit, hingegen ist der Zeitaufwand, den sie der bezahlten Arbeit widmen müssen, nur um weniges gesunken.[1] Hier wird ideologisch weit übers Ziel hinausgeschossen: Es soll doch keine Generation ausgelaugter Männer und Väter entstehen! Damit ist niemandem gedient, und es ist erst recht kein Vorbild für die kommende Generation.

Wie Frauen sollten auch Männer das Recht auf Schwäche und Momente der Überforderung haben, auf den immer wiederkehrenden Wunsch nach Ganzheitlichkeit, nach Zuneigung, Wärme, Ruhe, Auszeiten, Lust und Harmonie. Kurz: auf die (wenn auch vielleicht späte) Entfaltung einer gesamten Gefühlspalette.

Diese beinhaltet sämtliche Schattierungen eines menschlichen Selbstfindungsprozesses, der im Lauf der Zeit, trotz eines im Leben nun mal inhärenten Achterbahnprinzips, zu einer individuell geprägten Authentizität führt. Das Resultat ist eine gereifte Persönlichkeit, die auf Imponiergehabe verzichten kann, dafür emotionale Stetigkeit und Vorbildcharakter aufweist. Ein maskulin »vollwertiger« Vater also.

Sollten gemeinsame Kinder da sein, haben Frauen – alleine schon kraft ihrer Biologie – vordergründig eine größere emotionale Verantwortung, völlig egal, ob sie diese verspüren oder nicht. Vergessen wir nicht: Die Daseinsform eines Neugeborenen ist rein symbiotisch, da noch völlig von der Mutter abhängig. So gibt es in der Säuglingsforschung vom amerikanisch-österreichischen Psychoanalytiker René Spitz (1887–1974) minutiöse Untersuchungen, die belegen, dass diese Wechselbeziehung den eigentlichen Nährboden bildet für die Entwicklung der Beziehungsfähigkeit eines Menschen. Hier spielt die (hoffentlich positive) Muttermacht ihre frühe und überaus wichtige, weil lebenslänglich prägende Rolle. Mama ist nun mal die primäre Bindungsperson.

Und genau hier bedarf es ebenfalls einer Emanzipation, und zwar der weiblichen! Obwohl das Kind noch buchstäblich auf die Mutter fixiert ist, muss diese allmählich Platz freigeben für den Vater. Ob sie nun mit diesem zusammenlebt oder nicht. Ob sie sich als »Alleinerziehende« definieren möchte oder nicht. Fakt ist und bleibt, dass das Kind ein Recht und einen Anspruch auf seinen Erzeuger, auf seinen Vater hat. Und damit früher oder später auf eine eigene Meinung und Einschätzung.

Erwiesenermaßen ist es für viele Frauen ein weiter und höchst steiniger Weg, begreifen und umsetzen zu können, dass selbst ein schlechter Partner oder Ehemann keinesfalls auch ein schlechter oder unzuverlässiger Vater sein muss... Und dass eine Mutter, selbst in diesem Fall, ihm und dem gemeinsamen Kind die Chance einräumen muss, eine eigenständige Beziehung entwickeln zu können. Sonst droht ihr eventuell ein böser Bumerang-Effekt – spätestens dann, wenn das Kind sich zu verselbstständigen beginnt und ihr gegenüber kritisch wird.

Ganz allgemein gilt für Mütter wie für Väter, ihre Paarebene strikt von der Eltern-Kind-Eltern-Ebene zu trennen. Die Liebe zu einem Kind ist eine gänzlich andere als die zu einem Partner/einer Partnerin. Somit darf auch die Liebe eines Kindes nicht von der Beziehung der Eltern untereinander abhängig gemacht werden. Sprich: Das Kind darf niemals dazu gezwungen werden, zwischen zwei Elternteilen zu wählen oder für einen Partei zu ergreifen, weil es sonst mit Verlustängsten und Liebesverlust konfrontiert würde. Eine unschöne Trennung ist aber in ihrer gesamten weiteren Tragweite keinesfalls dem alleinigen Verantwortungsbereich einer Frau und Mutter zuzuschieben. Denn wie es für den Aufbau der Beziehung zwei gestaltende Menschen gebraucht hat (oder hätte ...), braucht es für ein möglichst gutes Ende dieselben zwei: Mann wie Frau, die ungeachtet der schmerzhaften Vorkommnisse in der gemeinsamen Vergangenheit sich in aller Bewusstheit dazu aufraffen müssen, einen gemeinsamen Nenner zu finden und sich nötigenfalls mit etlichen Kompromissen zufriedenzugeben.

Ganz einfach aus dem Grund, dass sie einander sowieso verbunden bleiben (müssen), weil sie für das Wohl ihres Kindes gemeinsam zuständig sind und das auch bleiben werden.

# Ein Trennungsvater, der ganz offiziell auf die Barrikaden stieg

Oliver Hunziker ist 47 Jahre alt, Informatiker und Vater zweier erwachsener Kinder. Er ist Präsident des Vereins für »Verantwortungsvoll erziehende Väter und Mütter« (VeV) sowie des Dachverbandes »Schweizerische Vereinigung für gemeinsame Elternschaft« (GeCoBi), außerdem Gründer und Geschäftsführer von »Zwüschehalt«, dem ersten Väterhaus der Schweiz.

Aufgrund seiner eigenen Leidensgeschichte als geschiedener Mann und Trennungsvater hat Hunziker die Pionierrolle ergriffen und, gemeinsam mit Gleichgesinnten, an vorderster Front für eine beschleunigte Einführung des gemeinsamen Sorgerechts gekämpft.

Als im Jahr 2011 die Schweizer Justizministerin Simonetta Sommaruga die dafür benötigte Gesetzesrevision ein weiteres Jahr aufschieben wollte, um sie dann mit einer neuen Unterhaltsregelung zu verknüpfen, griffen die solcherart auf die Wartebank abgeschobenen Trennungsväter durch: Schweizweit riefen sie dazu auf, via ihre Organisation Pflastersteine ins Bundeshaus schicken zu lassen, um so der Justizministerin zu verdeutlichen, welch gewichtige Hindernisse Trennungsväter auf dem Weg zum gemeinsamen Sorgerecht, zu ihren Kindern erleben müssen. Beigefügt wurden auch Kerzen, damit der Ministerin endlich »ein Licht aufgehe«. Was es tat! Die Sorgerechtsfrage wurde wieder angepackt, abgekoppelt von der Unterhaltsregelung.

Übrigens: Mit den insgesamt 1700 Pflastersteinen ließ die Justizministerin im Herbst 2011 einen Kinderspielplatz in Köniz bei Bern pflastern … Ein schönes Symbol für all die Bemühungen rund um die Wahrung des Kindeswohls!

*Oliver Hunziker, wie gehen Sie mit Frauen und Müttern um, die ganz offensichtlich ihren Männern schaden wollen und dabei das Kindeswohl missachten? Haben Sie in Ihrem Väterhaus überhaupt einen direkten Kontakt zu solchen Frauen?*

O. H.: Leider haben wir nur sehr selten Kontakt zu den Partnerinnen in hoch konfliktiven Situationen. Dort, wo es uns gelingt, hören wir auch den Frauen genau zu, oft ist es sehr aufschlussreich, beide Seiten einer Geschichte zu hören. Wir versuchen dann, genau wie auch bei den Männern, den Fokus wieder zurück auf die Bedürfnisse und Belange des Kindes zu richten.

*Wie erklären Sie sich, gerade als Mann, derartige Aggressionen von Frauen? Gibt es mildernde Umstände?*

O. H.: Ich würde das nicht so absolut formulieren. Das Ziel, dem ehemaligen Partner zu schaden, ist meist nur vordergründig, dahinter stehen Enttäuschungen, ein womöglich gescheiterter Lebensplan, unverarbeitete Erfahrungen oder manchmal auch handfeste Probleme. Dies alles resultiert häufig in einer Außenwirkung, welche sich gegen den ehemaligen Partner richtet, und dabei wird häufig das Kind benutzt, ja gar missbraucht. Dieses Verhalten ist übrigens nicht nur bei Frauen vorhanden, auch Männer tun dies. Da aber Kinder noch immer in überwiegender Zahl den Müttern zugesprochen werden, ist diese besondere Variante der »Rache« eben eher bei Frauen anzutreffen.

*Sie selber haben ja Ähnliches erlebt …*

O. H.: Darüber spreche ich nicht mehr. Die Beziehung zu meinen Kindern hat zum Glück all die Stürme und Verwerfungen während und nach der Trennung und Scheidung gut überstanden.

*In meiner Fachfrauen-Gruppe wird darüber diskutiert, ob nicht mangelhaftes Selbstwertgefühl der alles auslösende Grundkonflikt sein könnte, dass gewisse Frauen sich von ihren Männern schnell infrage gestellt fühlen. Dann emotional total den Boden unter den Füßen verlieren, nur noch rotsehen und schließlich zuschlagen – ob nun physisch oder psychisch.*

O. H.: Diese Überlegung ist sicherlich nicht falsch. Wobei auch hier wieder der Ablauf der Reaktion nicht zwingend frauenspezifisch ist. Er ist eben auch nicht männerspezifisch, wie das oft kolportiert wird, sondern liegt in der Natur des Menschen. Es gibt Menschen, welche auf Krisen mit Gewalt reagieren – einige davon sind Männer, einige sind Frauen.

*Gehen Ihrer Ansicht nach Frauen schlechter mit Zurückweisungen um als Männer? Ich meine, sind Frauen eventuell weniger stabil oder einfach sensibler?*

O. H.: Möglicherweise haben gerade jüngere Frauen weniger Erfahrung mit Zurückweisungen. Männer erleben in der Beziehung zwischen den Geschlechtern vermutlich häufiger Zurückweisungen und sind diese deswegen vielleicht etwas eher gewohnt. Aber auch hier wieder denke ich, dass in dieser speziellen Situation der Frau einfach ein Mittel – die Macht über die Kinder – in die Hand gegeben wird, welches sie einsetzen kann, während dies für den Mann in der Regel nicht existiert. Ich kenne aber Fälle, wo die Verhältnisse umgekehrt sind und wo Männer genau das Gleiche tun.

*Viele Väter erzählen mir, dass sie, was Beziehungen betrifft, lockerer sind als ihre Frauen. Und auch in der Beziehung zum Kind. Stimmt das mit Ihren Ansichten oder Erfahrungen überein?*

O. H.: Das kann ich mir gut vorstellen. Ich glaube, Männer sind viel eher auf ein reaktives Muster eingestellt – sie reagieren, wenn die Situation es erfordert. Solange es nicht erforderlich ist, sind sie deshalb vielleicht lockerer, machen sich weniger Gedanken. Die Art, wie Väter mit Kindern umgehen, ist dafür sicher ein sehr gutes Beispiel. Sie sind nicht weniger fürsorglich oder aufmerksam, sie tun es einfach anders, eben lockerer.

*Ich vermute, dass viele Frauen von Eifersucht getrieben werden, wenn sie ihre Männer in Erziehungsfragen und im Umgang mit den Kindern bevormunden. Im Sinne von: Er beansprucht, wenn er schon mal zu Hause ist, einfach die Schokoladenseite, während ich den Alltag mit dem Kind bewältigen muss. Was sagen Sie dazu?*

O.H.: Diese Diskussion ist meiner Meinung nach müßig. Wer anfängt, Vor- und Nachteile gegeneinander aufzurechnen, hat im Grunde bereits verloren. Jede Situation hat Vor- und Nachteile, egal ob Kinderbetreuung oder Arbeit außer Haus. Hingegen beobachte ich öfters Frauen, die ihren Männern den Alltag mit dem Kind gar nicht »gestatten«, sie eilen ihm gleich »zu Hilfe«, wenn sich das Kind auch nur ein wenig rührt. Sie geben ihm damit das Gefühl, dass er die Kinderbetreuung nicht so wirklich kann, und schon gar nicht allein. Ein »typischer« Mann wird darauf mit Rückzug reagieren.

*Glauben Sie, dass die Tatsache einer Trennung für eine Frau schwieriger ist als für einen Mann? Ich denke da wieder an das mangelhafte Selbstwertgefühl gewisser Frauen. Treibt das eventuell eine Frau dazu, dem Ex gegenüber gehässig zu werden, ihn möglichst auszugrenzen? Als Rache für ein Zurückgelassenwerden?*

O.H.: Schwer zu sagen. Angesichts der Tatsache, dass über 80 Prozent der Trennungen von Frauen eingeleitet werden, ist diese Theorie schwer haltbar. Trotzdem glaube ich, dass es etwas damit zu tun hat, wie man sich selber definiert. Männer können sich über ihre Arbeit definieren, sie tun das auch häufig. Sie definieren sich zwar auch über die Familie, aber sie haben auch noch anderes. Viele Frauen definieren sich hingegen ausschließlich über die Familie. Wenn diese nicht perfekt ist oder gar zerfällt, führt das natürlich zu Problemen mit dem Selbstwertgefühl. Das Gefühl, versagt zu haben, kann sich dann sehr schnell einstellen.
Es ist eine durchaus natürliche Reaktion, in solch einer Situation einen anderen zu suchen, dem man die Verantwortung für das Scheitern zuschieben kann. Dies geschieht unbewusst, ist kein gewollter Akt. Der naheliegende Verantwortliche ist da verständlicherweise der Expartner, auf ihn (oder sie) richtet sich dann die Wut, welche sich eigentlich auch nach innen richten sollte.

*Wenn Sie eine rachsüchtige Frau (also eine, die den Ex gnadenlos abzockt und ihn auch noch beim Umgangsrecht behindert, wo sie nur kann) in irgendeiner Form entschuldigen oder deren Verhalten mit Nachsicht erklären würden – was würden Sie da sagen? Ich denke dabei an das gemeinsame Kind…*

O. H.: Ich würde ihr Verhalten nicht entschuldigen, aber sicherlich ihre Beweggründe verstehen. Das ist ja die Krux, man darf durchaus wütend sein, auch verletzt und enttäuscht. Man darf den anderen ja auch durchaus ins Pfefferland wünschen, das alles darf man, es tut der Seele gut. Aber ausführen darf man es nicht. Und schon gar nicht über unschuldige Dritte, die Kinder nämlich. Aber oft sind sich diese Menschen gar nicht bewusst, was sie mit ihrem Verhalten anrichten.

*Zum Abschluss: Gibt es einen grundsätzlichen Rat, den Sie einem Mann und einer Frau, die zusammenleben möchten, mit auf den Beziehungsweg geben möchten?*

O. H.: Machen Sie sich rechtzeitig Gedanken, wie Sie mit einer etwaigen Trennung umgehen würden. Legen Sie auch fest, wie Sie während der Beziehung miteinander umgehen wollen, wie Sie sich gegenseitig im Fall von Streitigkeiten verhalten sollten. Und besonders wichtig: Reden Sie miteinander häufig und regelmäßig über Beziehungsthemen!

*Danke, Oliver Hunziker!*[2]

# Parental Alienation Syndrome (PAS) versus Kindeswohl

# Eine schnell gefällte Pauschaldiagnose …

Ein etwas ratloser Trennungsvater fragte mich, wie ich mich denn fachlich zum Parental Alienation Syndrome (PAS) oder Eltern-Kind-Entfremdungssyndrom (EKE) stellen würde. Er stehe unter dem Eindruck, dass sich niemand, aber auch wirklich niemand um das seelische Wohl seines Kindes kümmere, und nun habe ihm auch noch ein Kollege gesagt, dass seine kleine Tochter wahrscheinlich psychisch gestört sei, eben ein PAS entwickelt habe. Ob sein Anwalt deswegen gegen die Mutter vorgehen könne?

Es sei schlimm, denn seine Kleine habe unter mütterlichem Druck vor Gericht gegen ihn aussagen müssen, ihn verschiedenster Tätlichkeiten bezichtigt, die schlimmen Anschuldigungen dann aber später unter Tränen zurückgenommen. Sie habe deswegen noch immer Weinkrämpfe. Das sei doch die Voraussetzung zu diesem PAS, die Herabsetzung und Verunglimpfung des Vaters, orchestriert von einer rachsüchtigen Mutter? Er habe das verschiedentlich gegoogelt, und die Beschreibung entspreche genau seinem Erleben. Diese Eltern-Kind-Entfremdungs-Symptome machten ihm große Angst. Er fürchte um die emotionale Entwicklung und soziale Integrationsfähigkeit seines Kindes.

Ich wies ihn darauf hin, dass seine unschöne Geschichte keinesfalls unausweichlich zu einer psychischen Störung seiner Tochter führen müsse, aber dass sehr wohl ein dringender Bedarf nach neuen und seriösen Gutachten vorliege wie auch einer angemessenen therapeutischen Begleitung für das Kind. Er solle sich dahingehend mit seinem Rechtsbeistand absprechen. Und was die »PAS«-These des verstorbenen amerikanischen Psychiaters Richard A. Gardner betreffe: Die sei in ihrer Pauschalität, in ihrer zu wenig differenzierten Aussage weder medizinisch noch juristisch anerkannt.

Diese inzwischen nur allzu gern verwendete These ist nicht nur meiner Ansicht nach mit großer Vorsicht zu genießen, da sie etliche systemische Faktoren nicht berücksichtigt. Sie übergeht ursprüngliche Beziehungszusammenhänge, familiale Hintergründe und die tatsächlichen Ursachen eines eventuellen elterlichen Fehlverhaltens. Der schlichte Hinweis auf »PAS« kann auf keinen Fall eine psychologisch und/oder medizinisch erstellte Diagnose ersetzen, geschweige denn ein juristisches Urteil abstützen.

Es darf nie ausgeschlossen werden, dass ein unwilliges Kind durchaus recht haben kann mit seiner Abwehr einem Elternteil gegenüber und dafür keineswegs vorgängig von Mutter oder Vater, zum Schaden des einen oder anderen, indoktriniert beziehungsweise induziert wurde. In einem erhärteten Fall müsste hier von den Vormundschaftsbehörden eine sorgfältige Exploration der familialen Umstände durchgeführt werden.

Auch muss wegen zerstrittener Eltern kein Kind psychischen Schaden nehmen, so quasi als unabdingbare Folgeerscheinung. Kinder können sich da als recht resilient erweisen, vor allem dann, wenn ihnen auch noch andere Bindungspersonen zur Verfügung stehen (Großeltern, Geschwister, weitere Verwandte, Freunde). Oftmals sind Kinder wahre Coping-Strategen.

Nicht nur als Beziehungstherapeutin, sondern eben auch als Kinderpsychologin ist es mir ein großes Anliegen, klarzustellen, dass nicht jede umständehalber verstärkte Bindung an einen Elternteil mit einer pathogenen Angst-Bindung und damit mit einer Störung der kindlichen Psyche zu tun haben muss.

Und nicht ganz nebenbei möchte ich einflechten, dass, gemäß dem deutschen Psychiater und Psychotherapeuten Prof. Dr. Jörg M. Fegert, das sogenannte Parental Alienation Syndrome zuweilen eigentlich in »Parental Accusation Syndrome« (Elterliches Beschuldigungssyndrom) umbenannt werden sollte, da es häufig genug als taktische Waffe in Sorgerechtsstreitigkeiten eingesetzt werde, um einen Elternteil so stark wie überhaupt möglich zu belasten, zu diskreditieren.

Etwas zu meinem Leidwesen musste ich während der Recherchen zu diesem Buch feststellen, dass viele Trennungsväter diese PAS-These ausgesprochen ernst nehmen, sämtliche temporären Verhaltensauffälligkeiten ihres Kindes unbesehen auf mütterliche Manipulation und Induktion zurückführen und dann noch meinen, dies vor Gericht zu ihren Gunsten verwenden zu können …

## Kinder brauchen Zeit! Und Väter entsprechend Geduld

Dabei wird völlig außer Acht gelassen, dass nach einer elterlichen Trennung ein jedes Kind sich einem riesigen Anpassungsprozess unterwerfen muss, der unzählige emotionale Stressoren beinhaltet, und dies sich in einem verunsicherten Verhalten manifestiert. Dazu kann durchaus auch eine Phase der Regression gehören, in der ein noch kleineres Kind wieder einnässt, starke Nachtängste hat, auch in einem vertrauten Zimmer nicht mehr alleine sein will und sich an die ihm zuverlässiger erscheinende Bindungsperson klammert.

Sobald das Kind aber nachhaltig spüren darf, dass ihm langfristig weder von Mutter- noch von Vaterseite her der emotionale Boden unter den Füßen weggezogen wird, dass es keinerlei Verlustängste haben muss, werden sich diese Auffälligkeiten langsam legen können. Die Sorge dafür liegt jedoch bei beiden Elternteilen. Bei der Mutter wie bei dem Vater. Diese Sorge muss vor sämtlichen Zwistigkeiten Vorrang haben. Denken Sie da an die Unterscheidung zwischen der Paar- und der Eltern-Kind-Ebene.

Das Kind braucht seine Zeit, um die Veränderungen in seiner Kerngruppe zu beobachten und das neue familiale System, in welchem es jetzt leben muss, prüfen zu können. Da die

Obhut üblicherweise bei der Mutter bleibt, liegt es in der Natur der Dinge, dass ein Kind mehr von der Trauer und Wut der Mutter miterlebt als von den schmerzlichen Gefühlen des Vaters.

Sein Loyalitätsgefühl kann mitunter schwer auf die Probe gestellt werden, so sehr gut meinende Elternteile dies auch vermeiden möchten. Ganz gelingt es nie wirklich, da Kinder höchst apperzeptive Wesen sind und geringste Stimmungsschwankungen überdeutlich wahrnehmen.

Deswegen gibt es beim Kind vorerst mal eine Selbstschutzreaktion, meistens gepaart mit einer verstärkten Zuwendung zur (anwesenden) Mutter und einer Abwehrhaltung gegenüber dem (wesentlich weniger anwesenden) Vater. Dies kann geschehen, ohne dass eine Mutter eine gezielte Polemik gegen den Vater eingesetzt noch ihn verunglimpft oder herabgesetzt haben muss.

So! Ich hoffe, mit diesen Ausführungen einige Trennungsväter etwas beruhigt zu haben.

Selbst bei hoher Zerstrittenheit in der Trennung müssen Väter diese Reaktion, diesen langsamen kindlichen Neufindungsprozess, begreifen lernen und nicht – eventuell voreilig – ihre Exfrauen einer gezielten Eltern-Kind-Entfremdung verdächtigen.

So schwer es ihm fallen mag: Ein Trennungsvater, der nun woanders wohnt, muss sich in Geduld üben, seine Umgangstermine zuverlässig einhalten, dabei für einen steten und möglichst zwanglosen Kontakt sorgen. Kinder sind unglaublich flexibel, solange sie sich in Sicherheit fühlen und Vertrauen zu ihren Bezugspersonen haben dürfen. Aber sie brauchen Zeit, viel Zeit, für jede Umstellung in ihrem allernächsten Umfeld, vor allem bei einer derart einschneidenden. Was für die Eltern ein Befreiungsschlag sein mag, die Trennung, ist für jedes Kind ein vorläufiges Drama.

Abschließend ein anschauliches Fallbeispiel, zu welch irreführendem Verständnis und Ängsten eine allzu schnell verwendete »PAS«-Diagnose führen kann. Als Gegenstück zu all den vielen zermürbten Trennungsvätern auch einmal die Geschichte einer ebenfalls zermürbten Trennungsmutter.

## Ursula, 33-jährig, Gärtnerin, geschieden, eine Tochter

Ursula hatte sich via ihren Dermatologen an mich gewandt, weil sie unter einer chronisch auftretenden Gürtelrose litt. Bereits bei der Anamnese offenbarte sich, dass sie sich in einer extremen Drucksituation befand, auch wegen der zeitweilig massiven Auseinandersetzungen mit ihrer noch minderjährigen Tochter. Ihr Ex hatte ihr gedroht, dass er wegen des von ihr verursachten angeblichen Parental Alienation Syndromes (PAS) das alleinige Sorgerecht für die gemeinsame Tochter einklagen wolle.

»Ich lebe seit gut einem halben Jahr im Kriegszustand! Und das, weil mein Ex plötzlich entdeckt hat, dass er eine Tochter hat. Eine Tatsache, die ihm in den elf Jahren unserer Ehe mehr oder weniger entgangen war. Ich war immer die gewesen, die sich um alles gekümmert hatte, um das Haus, um den Hund, um die Buchhaltung – und vor allem um unsere Tochter. Er brachte das meiste Geld nach Hause und gelegentlich auch sich selbst, an den Wochenenden und im meist nur kurzen Urlaub.

Ich hatte nach der Geburt unserer Tochter nur noch reduziert gearbeitet, schließlich gehört meiner halt altmodischen Ansicht nach eine Mutter zu ihrem Kind und das Kind nicht in eine Tagesstätte. Damals fand er das wundervoll, ich sei eben keine dieser Emanzen, die sich beweisen müssen, dass sie Karriere und Kind unter einen Hut bringen können. Ich sei einfach voll Frau, ganz wunderbar. Gott, hatte mir das geschmeichelt! Ich dumme, dumme Kuh.

Nach nicht mal acht Jahren eröffnete er mir, er hätte seit einer Weile eine andere, eine, die verstehe, was er beruflich Anspruchsvolles zu bewältigen habe, dabei sehr, sehr repräsentativ sei, ein echtes Asset eben. Was vermutlich heißen sollte: kein solch fades Hausmütterchen wie ich, mit stets von irgendeiner Gartenerde schmutzigen Fingernägeln und stets in Jeans wegen der vielen Hundespaziergänge.

Ich war am Boden zerstört. Ich weinte und flehte, er aber glaubte, mich zu beruhigen mit der Mitteilung, dass ich vorläufig im Haus bleiben könne, schon wegen Claudia, und dass er sich finanziell selbstverständlich großzügig erweisen werde. Er verlange dafür nur die schnellstmögliche Scheidung. Schließlich ließ ich ihn gehen und versuchte, irgendwie mit dem Verlust klarzukommen. Es dauerte lange. Zum Glück habe ich gute Freundinnen, die sich auch nicht scheuen, mit mir in aller Offenheit zu reden beziehungsweise mir in den Hintern zu treten, und die mich umgehend zu einer Anwältin schickten.

Alles verlief in ausgesprochen zivilisierten Bahnen, auch in Bezug auf die Regelung des gemeinsamen Sorge- und Umgangsrecht. So zivilisiert, dass meine Anwältin mich sogar beglückwünschte. Sie habe da schon ganz andere Erfahrungen gemacht mit scheidungswütigen Männern und deren abservierten Ehefrauen. Bis die Sache kippte, und zwar wegen Claudia.

Mein Ex ›vergaß‹ wiederholt, Claudia an den vereinbarten Wochenenden abzuholen, oder ›übersah‹ bestimmte Termine für Elternabende und Schulfeste. Am Telefon entschuldigte er sich jeweils immer sehr ausführlich mit vielen guten Gründen und kreuzte dann mit einem Mordsgeschenk für das Kind auf. Bis Claudia begann, sich zu weigern, überhaupt aus ihrem Zimmer zu kommen, wenn er sie doch mal abholen kam, und ihn auf ihrem Handy einfach wegdrückte. Auf seine Vorhaltungen sagte ich ihm wiederholt, das seien nun mal die Konsequenzen für seine nach wie vor nachlässige Haltung dem Kind gegenüber, und dass ich keinesfalls gewillt sei, Claudia zu befehlen, ihm freundlich und zuvorkommend zu begegnen.

Dann flatterte mir ein hochoffizielles Schreiben ins Haus. Mein Ex klagte sein Umgangsrecht ein! Ich traute meinen Augen nicht. Nach reiflichen Überlegungen schaltete ich wieder meine Anwältin ein und wollte unter den gegebenen Umständen das alleinige Sorgerecht beantragen. Sie informierte mich, dass ich chancenlos sei und deutsche Mütter seit dem 1.7.1997 sowieso nicht mehr selber darüber entscheiden könnten, ob der Kontakt zum Kindsvater erwünscht sei oder nicht.

Trotzdem ging ich vor Gericht – und scheiterte. Ich war in den Augen aller die böswillige Mutter, die die Paarebene nicht von der Eltern-Kind-Ebene unterscheiden kann. Meine Tochter habe ein Anrecht auf ihren Vater und umgekehrt. Ich sei die,

die umgangsintolerant sei, also den Umgang boykottiere, dem Kind den Vater entfremde, elterliche Dominanz ausübe. Das Kindeswohl sei mir ganz offensichtlich gleichgültig, meinte der Anwalt meines Exmannes, es gehe mir offenbar nur darum, meinem geschiedenen Mann eins auszuwischen und ihn noch weiter auszubeuten.

Ja, mir wurde sogar, gemäß § 1684 Abs. 3 BGB, mit der Anordnung einer Umgangspflegschaft gedroht, sollte ich grundlos dem Kontakt zwischen Vater und Tochter nicht oder nicht mehr wohlwollend gegenüberstehen. Bei der Scheidung hatte ich mich, wie mein Ex auch, verpflichtet, alles zu unterlassen, was das Verhältnis unserer Tochter zum jeweils anderen Elternteil beeinträchtigen könnte. Ich habe mich daran gehalten, wirklich, bis zur Erschöpfung meines sogenannten Wohlwollens. Geweint und gewütet habe ich im Stillen, trotzdem hat mich Claudia ab und zu dabei ertappt. Stets aber habe ich ihren Vater in Schutz genommen, was sie jeweils ärgerte.

Gemäß den Auflagen muss Claudia jedes zweite Wochenende, jeweils von Freitag um 18 Uhr bis Sonntag, gleiche Zeit, zu ihrem Vater und dessen zweiter Frau. Auch gilt die Regel, dass sie drei zusammenhängende Wochen in den Sommerferien und je eine Woche in den Herbst-, Weihnachts- und Osterferien bei ihm und seiner Frau verbringen muss sowie auch einen Teil seines Geburtstags plus Anteile an bestimmten Feiertagen usw. Alles eigentlich nichts Neues. Nur dass mein Ex sich bislang nicht darum kümmerte, Termine nach seinem

Gusto verschob oder gar nicht einhielt. Bis zu dem Zeitpunkt, als Claudia begann, sich völlig zu verweigern. Niemand habe ein Recht, sie zu zwingen, zischte sie mich an, einen Vater zu besuchen, der sich sowieso nicht für sie interessiere. Abgesehen davon, dass seine neue Frau nicht erlaube, dass sie den Hund mitnehme, weil er Haare lasse.

Nach der Gerichtsverhandlung begann mein Ex plötzlich auf den Terminen zu beharren, erschien selbst auch immer oberpünktlich, was Claudia völlig ausrasten ließ. Kürzlich verbarrikadierte sie sich in ihrem Zimmer, als er sie wieder mal abholen kam. Er wurde wütend und drohte ihr lautstark, sie das nächste Mal von der Polizei abholen zu lassen, er habe das Recht dazu, schließlich sei er der Vater, und ich, ihre Mutter, habe dafür zu sorgen, dass sie, die Tochter, das Besuchsrecht auch einwandfrei einhalte. Mir sagte er, wenn das so weitergehe, werde er das ausschließliche Sorgerecht beantragen, allmählich seien hinreichend Gründe dafür vorhanden. Das sehe auch seine Frau so.

Ob ich schon was von EKE (Eltern-Kind-Entfremdungssyndrom oder PA-Syndrom, Anm. d. Autorin) gehört habe? Er sei überzeugt, dass alleine das ihm vor dem Familiengericht recht geben werde. Ich sei schließlich daran schuld, dass seine Tochter ihn beleidige und ablehne, also bereits psychosozial gestört sei. Er werde auch dafür sorgen, dass ich eine saftige Geldbuße zahlen müsse. Das diesbezügliche Gespräch mit seinem Anwalt stehe noch aus.

Mein Leben ist zur Hölle geworden, meine eigenen Empfindungen zur Nebensache. Wieder hat mein chronisches Leiden, eine ausgesprochen schmerzhafte Gürtelrose, eingesetzt. Es sind die Nerven, sagt mein Hausarzt verständnisvoll. Ach ja, meine Nerven. Ständig, aber auch ständig habe ich Streit und Auseinandersetzungen mit meiner Tochter. Sie schreit mich an, dass sie mich hasse, weil ich sie nicht in Schutz nehmen würde. Und ich hasse meinen Ex für all das, was er dem Kind und mir antut.

»Was bist du eigentlich für eine Frau? Dass du dir von dem Kerl alles hast gefallen lassen, ist deine Sache. Aber ich bin nicht wie du, ich will ihn nicht mehr sehen, und schon gar nicht seine andere Frau, diese Schlampe. Die hat ihn dir weggenommen, und du hast dabei bloß dumm zugeschaut. Du bist ja sowas von erbärmlich! Kein Wunder, dass du keinen Mann hast.«

Was kann ich denn tun? Ich fühle mich völlig hilflos. Soll ich mit meiner Tochter bei Nacht und Nebel auswandern? Wie sonst kann ich sie dem Zugriff meines Ex entziehen? Unsere Mutter-Kind-Beziehung geht noch völlig kaputt. Und ja, ich könnte ihn an die Wand nageln! Schreiben Sie das ruhig in Ihrem Buch! Ich bin da sicherlich nicht die einzige Ex, die diesen Drang verspürt.«

Ich arbeitete eine Weile verhaltenstherapeutisch mit Ursula, damit sie ihre Ängste und Schuldgefühle überwinden und etwas innere Distanz zu den aggressiven Ausbrüchen ihrer Tochter gewinnen konnte. Als Ursula sich einigermaßen erholt hatte, legte ich mit ihrem Einverständnis ihre Geschichte Thomas Brüstle vor, einem Ulmer Fachanwalt für Familienrecht, damit sie zusätzlich auch aus juristischer Sicht Klärung und Unterstützung erhalten konnte.

## Der Rat eines Rechtsanwalts an Ursula

Hier der beschwichtigende und weiterführende Rat des Rechtsanwalts an Ursula, der durchaus auch für andere interessierte beziehungsweise betroffene Elternteile von Bedeutung sein könnte, auch für jene, die in irgendwelcher Form mit der These des PA-Syndroms konfrontiert oder unter Druck gesetzt werden:

*Liebe Frau Ursula,*

*wenden Sie sich direkt an das Jugendamt (JA), eventuell mit einem Gutachten Ihrer Psychologin, und schildern Sie dem Ihre Situation. Sagen Sie, dass Sie die Tochter doch nicht zum Vater prügeln können. Wenn der Vater dann einen Antrag bei Gericht stellt, muss das Gericht den Gründen, weshalb die Tochter den Kontakt zum Vater ablehnt, nachgehen, die Tochter selbst anhören und erforderlichenfalls einen Anwalt des Kindes, also einen Verfahrensbeistand, der ausschließlich die Interessen des Kindes bei Gericht zu vertreten hat, bestellen. Überlassen Sie denen das Problem, die beruflich mehr davon verstehen. Erörtern Sie dann mit Ihrer Anwältin die Empfehlungen dieser Fachleute.*

*Jedenfalls wird das Jugendamt im Falle eines gerichtlichen Verfahrens eingeschaltet und daran beteiligt. Wenn es dann zum Verfahren kommt, kennen die Mitarbeiter Sie und Ihr Problem bereits. Machen Sie sich davon frei, dass nur Sie für das Verhalten Ihres Kindes verantwortlich seien. Ab Beginn eines Verfahrens haben alle Verfahrensbeteiligte ihre jeweilige Verantwortung zu tragen – auch der Richter. Dass der die elterliche Sorge oder das Aufenthaltsbestimmungsrecht allein auf den Vater überträgt, ist in Ihrem Fall unwahrscheinlich, da sich die Tochter dem Vater verweigert und die Übertragung der elterlichen Sorge auf ihn offenkundig dem Kindeswohl widerspricht.*

*Auch die Angst vor einer »Bestrafung« dadurch, dass das Gericht den Umgang der Tochter mit dem Vater durch Geldauflagen oder andere Mittel erzwingen könnte, ist wenig begründet. Das könnte das Gericht nur dann durch einen besonderen Zwangsbeschluss, wenn Sie die Tochter letztlich gegen ihren eigenen Willen zurückhalten würden, was aber nicht der Fall ist und was auch vom JA bestätigt würde. Bleibt noch, dass das Gericht einen Umgangspfleger bestellen könnte. Der wäre dann derjenige, der während der Zeit des Umgangs das Sorgerecht ausübt und damit beide Eltern so lange von ihren Elternrechten ausschließt und damit jeden Streit zwischen den Eltern während dieser Zeit unterbindet. Den kann und wird das Gericht nur dann bestellen, wenn damit das Problem behoben werden kann.*

*Sie sehen, es gibt für Sie eigentlich keinen Grund zu befürchten, das Gericht nehme Ihnen das Kind weg. Wenn ich Ihnen aber noch einen Rat geben darf, so den, dass Sie künftig gegenüber allen Beteiligten, insbesondere Ihrer Tochter, wieder selbstbewusster auftreten sollten und dieser auch mitteilen, dass nicht Sie für all das, was sie belastet, verantwortlich sind. Der Vater ist für sein Verhalten alleine verantwortlich.*

*Ihnen und Ihrer Tochter wünsche ich alles Gute.*

*Thomas Brüstle, Rechtsanwalt*
*Fachanwalt für Familienrecht*
*Fachanwalt für Erbrecht*

## Eingeschobene Fragen an einen Trennungsvater (Bernhard T.)

Bernhard T., 47-jährig, Kommunikationsberater
Heirat 2005, Trennung 2012, Scheidung ca. 2014
Zwei Kinder, bei der Trennung sechs und vier Jahre alt

*Gibt es in Fällen von weiblichen Rachefeldzügen irgendwelche erkennbaren gemeinsamen Muster in den vorgängigen Beziehungen oder in der Art des Beziehungsendes? Haben Sie da persönliche Erfahrungen?*

B. T.: In meinem Fall ist es meine Ex, bei der das Schwarz-Weiß-Muster die alles dominierende Rolle spielt. Nach unserer Trennung hat sie mich in die Kategorie »schwarz« eingereiht (der Böse, der eine Neue hat, der die Familie zerstört hat, der die Kinder zu Scheidungswaisen gemacht hat und der jetzt dafür finanziell bluten soll). Von Bekannten habe ich gehört, dass sie sich anscheinend nicht mit ihren Fehlern in unserer Beziehung auseinandersetzen will, sondern mich nach wie vor als den Hauptschuldigen bezeichnet. Natürlich ist das für sie einfacher, da sie sich so in der Opfer- und Verlassenenrolle suhlen kann. Auch meint sie, dass ich wegen der auf meinen Wunsch erfolgten Trennung gefälligst die finanziellen Konsequenzen zu tragen habe.

*Welche Rollen spielen die eventuellen Nachfolgebeziehungen, sprich der neue Partner der Frau beziehungsweise die neue Partnerin des Mannes?*

B. T.: Meine neue Partnerin läuft ganz klar ebenfalls unter »schwarz«, ist also die andere Böse in der Sache. Sie soll letzten Endes meine Ehe zerstört haben. Die Schwiegermutter gibt mir zu verstehen, dass mir irgendwann mal das Ganze sehr leid tun werde, weil es ja »lediglich« um eine andere Frau ging. Sprich: um ein kurzfristiges sexuelles Abenteuer. Für meine Noch-Ehefrau ist diese Schuldzuweisung offenbar der einfachere Weg, die Trennung wegzustecken.

*Könnte es sein, dass die betroffenen Männer ihre Beziehung zum Kind erst dann wirklich spüren, wenn sie darum kämpfen müssen? Wie haben Sie das erlebt?*

B. T.: Ich war von Anfang an Vater mit Haut und Haar, voller Begeisterung, und auch sofort in meine Babys verliebt. Wir hatten und haben es sehr gut zusammen, auch heute, trotz der räumlichen Trennung. Der Papa ist und bleibt eine feste Größe. Da arbeite ich stets daran. Wir telefonieren häufig, schicken uns Briefe oder kleine Geschenke, der Kontakt ist immer da. Auch muss ich meiner Noch-Ehefrau zugutehalten, dass sie in Gegenwart der Kinder weder mit mir streitet noch schlecht über mich spricht. Diese Absprache haben wir gegenseitig getroffen und halten uns strikt daran.

*Wenn das Kindeswohl ganz offensichtlich im elterlichen Konflikt zermalmt wird: Warum lassen Männer dann nicht los, ganz im Sinne einer Eindeutigkeit? Also das Kind besser bei der Mutter lassen, als eine Zerrissenheit zwischen Mutter und Vater zu riskieren? Salomonisch …*

B. T.: Touch wood! Diese Situation kenne ich nur aus Erzählungen diverser Kollegen, und selber werde ich hoffentlich nie damit konfrontiert werden. Die Elternschaft nehmen wir beide sehr, sehr ernst. Ich erlebe keinerlei Sabotage in Bezug auf die Ausübung meiner Vaterrolle. Das funktioniert gut, und ich bin echt froh darüber. Da gebührt ein Kränzchen meiner Noch-Ehefrau. Obwohl sie durchaus die Möglichkeit hätte, hat sie trotz aller Wut auf mich nie die Kinder gegen mich aufgehetzt beziehungsweise diese instrumentalisiert, um mir dadurch in irgendeiner Form wehzutun.

*Wenn emotionale Gesichtspunkte völlig außer Acht gelassen würden: Gäbe es Ihrer Erfahrung nach bei einem sich abzeichnenden Trennungskrieg einen generellen Weg, der für den Mann juristisch, organisatorisch und finanziell am wenigsten aufwendig wäre? Hätten Sie da einen Rat für andere Männer?*

B. T.: Im Nachhinein würde ich sagen, dass eine Gütertrennung gleich am Anfang der Ehe eine derartige finanzielle Diskussion wesentlich vereinfachen würde. Aber das ist nun mal eine unromantische Komponente, wenn man total verliebt in ein gemeinsames Leben einsteigt, das ist mir klar. Für die jetzige Situation hätte ich gerne einen juristisch geschulten Mediator beigezogen. Das wurde abgelehnt, jetzt gehen halt die Anwälte aufeinander los, die gutes Geld kosten. Ich glaube, dass, wenn bei einer Trennung einer der beiden von Aggressionen und Rachegefühlen getrieben ist, eine einfache Lösung wohl kaum erreicht werden kann.

*Gibt es bei Männern so etwas wie diverse Phasen im Krieg um die Kinder? Etwa wie: Schuldgefühle – Unverständnis – Widerstand – Angriff – Fassungslosigkeit – Resignation – Trauer – Heimlichkeit – Verdrängung? Wie war es bei Ihnen?*

B.T.: Ich denke, ja. Obwohl – bei mir gab es nie Krieg. Mir war bewusst, dass ich bei einer Trennung die Kinder nicht mitnehmen kann. Natürlich hatte ich ihnen gegenüber anfänglich ein sehr schlechtes Gewissen. Ich selbst bin ein Scheidungskind und wollte ihnen das Negative daran ersparen. Inzwischen merke ich, dass meine Kinder in einem noch gut adaptiven Alter waren. Für mich war es schlimmer, sie nicht mehr jeden Tag zu sehen, ich war oft traurig und down. Ein Kinesiologe hat dann meine Energien so kanalisiert, dass ich mit der Abwesenheit meiner Kinder besser umgehen konnte.

*Wie lernfähig sind alleine schon mal die Männer? Wiederholen sich negative Beziehungs- und Konfliktmuster in deren Nachfolgebeziehungen? Welche ist Ihre Einschätzung beziehungsweise Erfahrung?*

B. T.: Schwierige Frage. Bei mir war eher das Gegenteil der Fall. Ich habe mich für Partnerinnen entschieden, die genau jene Punkte anders machten, die mich bei einer Ex jeweils gestört haben. So geschehen auch mit meiner Ehe, deren Scheitern ich eigentlich früher hätte voraussehen können. Doch ist es anachronistisch, darüber nachzudenken. In der damaligen Situation habe ich so gehandelt, wie es eben damals für mich stimmte.

*Meinen Sie, dass sich professionell Beteiligte (Mitarbeitende von Vormundschaftsbehörden und Jugendämtern wie auch Anwälte, Richter, Psychologen, Sozialarbeiter etc.) eher konfliktschürend denn konstruktiv auswirken können? Verfügen Sie da über persönliche Erfahrungen, beziehungsweise hätten Sie Ratschläge?*

B. T.: Da habe ich großes Glück. Wunderbar unterstützend habe ich eine befreundete Psychologin und den kantonalen Familienberater erlebt. Beiden bin ich zu Dank verpflichtet. Und natürlich auch dem Kinesiologen mit den magischen Händen. Anwälte hingegen vertreten logischerweise immer die Position ihres jeweiligen Klienten und versuchen, möglichst viel für diesen rauszuholen. Das führt dann zu überhöhten Anwaltsrechnungen, weil die Parteien über 15 Runden gehen wollen, um ihren Forderungen möglichst zu entsprechen. Ich plädiere da sehr für einen Mediator, der rechtzeitig die Gefühlsebene von der materiellen zu unterscheiden weiß und so die Wogen glätten kann. Aber eben, das müssen beide Seiten wollen. In meinem Fall klappt es nicht.

*Wie schätzen Sie die Rechtsentwicklung rund um das Scheidungs- und Sorgerecht ein? Gibt es Ihrer Meinung nach klar definierbare Bestimmungen, welche zu besonders unschönen Situationen bezüglich des Kindeswohls führen? Und wenn ja, welche?*

B. T.: Da habe ich (noch) keine schlechten Erfahrungen und hoffe, dass es auch so bleibt. Ich bin jedoch überzeugt, dass es bei meiner Scheidung sowieso nicht um die Kinder gehen wird (Gott sei Dank!), sondern um die Kohle.

# Die große Lösung bei Sorgerechtsstreitig-keiten?

# Das Cochemer Modell

»Sag mal«, meinte mein Mann, der aus Deutschland stammt, »bei all diesen Zwistigkeiten ums Sorge- und Umgangsrecht sollte doch mal die Initiative ergriffen werden, das Cochemer Modell auch in der Schweiz einzuführen. Es würde vieles vereinfachen, wenn alle an einer Scheidung Beteiligten zusammengetrommelt würden. Dann gibt es für ein Kind keine langen Wartezeiten mehr, da der eventuelle Krieg zwischen den Eltern ziemlich schnell beendet sein muss.«

Ich hörte dies nicht zum ersten Mal. Gerade hier, in der Schweiz, ist man auch in Psychologenkreisen davon sehr angetan. Ich weniger, obwohl das Cochemer Modell sehr wohl in die richtige Richtung weist: schnellstmöglich eine gütliche Regelung zwischen den Elternteilen erarbeiten, damit ein durch die Trennung ohnehin belastetes Kind nicht einfach zuwarten muss, bis die Bürokratie der zuständigen Behörden in die Gänge kommt.

Meine Skepsis liegt anderswo. Aber vorerst noch eine Erläuterung zum Cochemer Modell: Der Ansatz, wonach bei einer Scheidung auch gleich die Frage des Umgangs der Kinder mit den Eltern geregelt werden muss, wurde 1992 am Familiengericht im Landkreis Cochem-Zell entwickelt, auf Initiative von Jürgen Rudolph, einem höchst engagierten und charismatischen Richter. Das Cochemer Modell, auch Cochemer Praxis genannt, wird seither gerne als ultimative heil- und lösungsbringende Intervention bei Sorgerechtsstreitigkeiten angepriesen.

## Das Konzept

Hier schließen sich Richter und Anwälte, Mitarbeitende des Jugendamtes, der Beratungsstellen (Sozialarbeiter, Psychologen) und gerichtliche Gutachter zu einem engen interdisziplinären Schaltkreis zusammen, mit dem Fokus auf das Kindeswohl. Die Anwälte beider Parteien beschränken sich in ihren Schriftsätzen auf das Wesentliche, verhandelt wird hauptsächlich verbal, damit keine Konfliktverschärfung stattfinden kann. Sobald eine einvernehmliche Regelung erreicht ist, wird das Familiengericht benachrichtigt, damit das Verfahren abgeschlossen werden kann.

Sollte mit zerstrittenen Eltern keine außergerichtliche Einigung möglich sein, terminiert das Familiengericht bereits zwei Wochen nach Antragseingang die Verhandlung und schickt die Eltern in eine psychologisch geschulte Beratung/Mediation, die das Paar einigermaßen befrieden und zu einem angemessenen Umgang anhalten soll. Falls wiederum kein Konsens gefunden wird, muss ein familienpsychologisches Gutachten erstellt werden, wobei auch hier der/die Sachverständige in erster Linie um eine Einigung bemüht ist.

Wenn auch diese Intervention ergebnislos verläuft, wird eine Empfehlung an das Familiengericht abgegeben. Beim darauffolgenden Urteil wird aber weiterhin darauf geachtet, möglichst nicht in die elterliche Sorge einzugreifen, also die Verantwortung bei den Elternteilen zu lassen. Ein Entzug des Sorgerechts oder Aufenthaltsbestimmungsrechts erfolgt nur im äußersten Notfall.

## Meine Bedenken

Die angestrebte Arbeitsweise und die Ziele der Cochemer Praxis sind theoretisch durchaus lobens- und anstrebenswert. Als generelles Modell wird es jedoch schon mal nicht realisierbar sein, da es wegen der dafür benötigten interdisziplinären Vernetzung beziehungsweise Zusammenarbeit auf noch überschaubare Gebiete (Landgemeinden, Kleinstädte) beschränkt ist. In größeren Städten und Agglomerationen wird es bereits wegen der Distanzen kaum möglich sein, innerhalb von kurzer Zeit sämtliche an einer Trennung oder Scheidung beteiligten Professionen an einen Tisch zu bringen.[3]

Des Weiteren bräuchte es tatsächlich neutrale, dabei gut ausgebildete und aufgeschlossene Richter, Juristen und Berater, deren Anschauungen und Verhalten weder mutter- noch vaterzentriert sind. Es ist unbestritten, dass der »Vater« der Cochemer Praxis, der Familienrichter Jürgen Rudolph, die dafür benötigte Fachkompetenz und emotional unbestechliche Persönlichkeit hatte. Er schien weder auf die tränenfeuchten Augen schmerzgebeugter Mütter reagiert zu haben noch auf verzweifelt händeringende Väter, sondern genoss den Ruf, sich kompromisslos auf knallharte Fakten abzustützen, im Auge stets das Kindeswohl.

Doch: Wie viele solche Persönlichkeiten gibt es auf dem Richterstuhl? Familienrichter, die nicht nach alter Väter Sitte befinden, dass ein Kind in erster Linie zur Mutter gehört, egal, wie sehr deren Erziehungsfähigkeit unsicher und ambivalent ist? Und was ist, wenn bei all den professionell Beteiligten einige ihre ganz persönlichen, eventuell problematischen Beziehungserfahrungen einbringen oder politische Überzeugungen und Ziele im Spiel sind?

Auch sind die Fristen derart eng terminiert, dass da meiner Ansicht nach wohl kaum die Möglichkeit besteht für eine gründliche Exploration der familialen Situation. Also auch keine Zeit, um die Subjektstellung des betroffenen Kindes erfassen und abklären zu können, was seine tatsächlichen Bedürfnisse sind und wie seine Bindungshierarchie gestaltet ist.

Im Vordergrund steht vielmehr die termingebundene Konsens-Aufforderung an die Eltern, sich unbedingt einigen zu müssen. Auch hier sehe ich kaum eine Möglichkeit, emotional belastete Sachverhalte in aller Sorgfalt zu prüfen und den Konfliktmustern nachzugehen. Damit sind schon mal böse Rückschläge programmiert, sobald der solcherart erzwungene »Friede« ob der Hypotheken einer unbewältigten Vergangenheit zu bröckeln beginnt.

Und last, but not least: Die Cochemer Praxis kann nur auf allseitiger Freiwilligkeit beruhen, sprich: Sie kann sowieso nicht institutionalisiert werden. Der Staat kann und darf nicht zuständig sein oder die Verantwortung dafür übernehmen, wie Eltern miteinander umzugehen haben – so zerrüttet oder kaputt deren Beziehung, die Paarebene, auch sein mag. Solange der Umgang dieser zwei Erwachsenen nur hoch strittig ist, aber nicht straffällig, ist er auch nicht justiziabel.

So ist auch eine Cochemer Praxis hilf- und nutzlos, wenn einer der beiden Elternteile bockt, sich weigert, auch nur in irgendeiner Form mit dem anderen zu kooperieren, beziehungsweise auf das Wohl des Kindes und auf dessen Rechte pfeift. Im Allgemeinen ist es die Mutter, bei der das Kind wohnen bleibt.

## Mein Lösungsvorschlag: Geteilte Obhut für die Eltern?

Theoretisch könnte dem Problem einigermaßen abgeholfen werden, würde die Obhut nicht, meist völlig fraglos, bei der Mutter bleiben, sondern vom Gesetzgeber her zeitlich, örtlich und finanziell aufgeteilt werden.

Genau an diesem Punkt würde meiner Ansicht nach emanzipatorisches Denken in konstruktives Handeln umgesetzt: Väter, die nicht unbedingt in Vollzeitstellen tätig sind, sondern mehr Zeit haben, wären so durchaus in der Lage, die Hälfte der Woche ihr Kind zu betreuen, abwechselnd mit der Mutter, die ebenfalls einen Teilzeitjob ausübt beziehungsweise ausüben *muss*.

Dadurch würden sämtliche unnötigen Unterhaltsstreitigkeiten wegfallen, da die Väter wegen der aufgeteilten finanziellen Verpflichtungen nicht in ökonomische Bedrängnis gerieten und ihre Zweitbeziehung nicht belastet würde. Das Kind hätte in dem Fall zwei einander zeitlich und finanziell ebenbürtige Elternteile sowie zwei Zuhause, in denen es sich wohlfühlen kann und nicht den Eindruck haben muss, bei dem einen nur zu Besuch zu sein.

Wo eigentlich liegt hier das Problem? Warum kann dieser Ansatz nicht als gängiges, dem Kindeswohl dienendes partnerschaftliches Trennungsmodell propagiert, unterstützt und geregelt werden? Liegt es auch hier an den soziopolitisch tradierten Rollenbildern? Würde die Wirtschaft Einbußen erleben wegen der vermehrt Teilzeit arbeitenden Männer? Unterm Strich wahrscheinlich weniger als mit den wegen zunehmendem Stress und emotionaler Überforderung ausfallenden, da psychisch ausgelaugten männlichen Arbeitskräften …

»Weil«, so sagte ein lieber Freund, der erst kürzlich, an der Schwelle zur Rente, höchst unfair geschieden wurde, »eine sich rächen wollende Frau auch dann nicht ausgebremst wird. Sie würde einfach die kürzere Zeitspanne, in der das Kind bei ihr wohnt, umso mehr nützen. Wir Männer sind durchaus auch in der Lage, nachtragend zu sein, aber derart nachhaltig rachsüchtig sind wir eher selten. Vielleicht sind wir zu bequem, verfügen nicht über die psychischen Ressourcen, derartige Wut- und Hassgefühle zu hegen. Wir versuchen vielmehr, eine unschöne Beziehung möglichst bald zu ersetzen und eine unschöne Trennung zu verdrängen.«

»Männer stalken, verunglimpfen, bedrohen …«, wende ich ein.

»Ja, ja, und Männer schlagen zu. Fällt dir sonst noch eine Verallgemeinerung ein? Oder etwas Ernsthaftes?«

»Sie entführen Kinder.«

»Ich wette, die tun dies nicht nur aus dem einzigen Grund, ihre Ex bestrafen zu können, oder?«

»Mein Lieber, *das* ist ein heißes Eisen, lassen wir es besser bleiben. Sonst müssen wir hier auch noch Bezug nehmen auf verschiedenste Kulturkreise, auf deren Verständnis für die Männer- und Vaterrolle. Aber generell hast du recht, mir fällt auf die Schnelle nicht mehr viel dazu ein.«

»Dass Männer ihre Kinder gerne dafür missbrauchen, ihren Exfrauen eins auszuwischen, fällt dir nicht ein?«

»Hm, eigentlich nicht. Ich kenne zwar solche Fälle, aber das ließen die Frauen sich nicht lange bieten.«

»Siehst du? Frauen haben auch den Gesetzgeber auf ihrer Seite. Ob ihre Klage gegen den Mann dann auch wirklich stimmt oder nicht, spielt eine nur geringe Rolle. Frauen und Mütter sind nun mal in der stärkeren Position. Selbst wenn sie in einem Frauenhaus sitzen. Ja, ja, das hörst du nicht gern. Aber glaub mir, aus der Sicht und dem Erleben eines Mannes ist das nun mal so.

Also auch dann, wenn du es durchsetzen könntest, dass die Obhut zu gleichen Teilen an beide Eltern geht: Viele Frauen sind nicht selbstkritisch genug, um ihre überaus mütterlich-dominante Rolle als solche zu erkennen und sich entsprechend verantwortungsbewusst zu verhalten.«

## ... Können denn auch Tiere zu Beziehungsopfern werden?

Als ich einem Berner Journalisten von diesem Buch erzählte, hörte er vorerst höflich zu, um dann ernsthaft nachzufragen: »Ich selbst habe ja keine Kinder. Was aber geschieht mit einem Tier im Fall einer Trennung? Hunde, Katzen oder andere Kleintiere können doch auch zu Beziehungsopfern werden, oder nicht? Wohin geht dann das Tier, beziehungsweise wem gehört es?«

Nun, ich selber habe Hunde und liebe sie sehr. Insofern fand ich diese Fragen durchaus angebracht und irgendwie auch zu meiner Buchthematik passend: Trennungstiere. Umso mehr, als einem guten Bekannten das Leben schwergemacht wurde, als seine langjährige Freundin sich wegen eines anderen Mannes von ihm trennte, dabei alle drei Hunde behielt und er diese nicht mal wiedersehen konnte, weil sie mit dem neuen Partner ins Ausland zog. Er brauchte lange, um über seinen Schmerz und seine Wut hinwegzukommen. Noch monatelang zeigte er Fotos von seinen Tieren, wem auch immer, der ihn zu seinem alle überraschenden hundelosen Single-Dasein befragte.

Ich habe mich schlaugemacht, lieber Martin: Der beste Weg wäre auch hier eine einvernehmliche Lösung der beiden Halter beziehungsweise des Paares, das ein Tier erworben hat. Ein Tier ist, im Gegensatz zu einem Kind, als Eigentum zu betrachten, gemäß dem Sachenrecht. Ein Kind kann ab einem gewissen Alter mitbestimmen, bei welchem Elternteil es leben will – ein Tier nicht, so sehr es an dem einen oder anderen seiner Besitzer hängen mag.

Das Tier wäre somit ein Miteigentum beider Halter, außer es wird nachgewiesen (Kaufvertrag, Quittung), dass das Tier das Alleineigentum eines Halters ist. Sollten sich nun die beiden Miteigentümer trennen und um das Tier streiten, kann das Gericht das Tier dem (Ehe-)Partner zusprechen, der in tierschützerischer Hinsicht die bessere Unterbringung ermöglicht. Unter Umständen kann der andere Partner eine Entschädigung verlangen.

Ein Besuchsrecht jedoch kann nicht eingefordert werden. Für das Empfinden eines Hundes zum Beispiel bricht sein Rudel auseinander, er wird leiden. Ein solcher Hund wird tatsächlich zum Beziehungsopfer. Jeder Hundebesitzer weiß doch, wie treu ein Hund ist und wie tieftraurig dieser sein kann, wenn Herrchen oder Frauchen nicht, oder nicht mehr, anwesend ist. Er wird noch eine lange Zeit vor der Türe sitzen, warten und suchen. Nachdem mein Onkel gestorben war, dessen Jagdhund nur noch die Ohren hängen ließ und das Futter verweigerte, nahm ihn meine Tante mal mit auf den Friedhof. Dort erkannte (oder erschnüffelte?) der Hund das Grab meines Onkels und legte sich drauf. Tiere und Emotionen … Oh ja.

Du merkst, auch wenn es sich »nur« um ein Tier und nicht um ein Kind handelt, wäre für alle Beteiligten das Erarbeiten einer tragfähigen, aber außergerichtlichen Lösung ebenfalls angesagt, denn es geht wiederum hauptsächlich um Gefühle, um Zuneigung, um Vertrauen. Und weil es um Emotionen geht, könnten auch hier Wut- und Rachegefühle überhandnehmen und alles andere, was gut war, überdecken. Damit auch das Wohl des Tieres.

Der einzige, aber wesentliche Vorteil bei einem eventuellen Trennungskrieg um ein Tier ist der, dass hier keine Vormundschaftsbehörden, Jugendämter und Gutachter eine eher konfliktunterstützende Rolle spielen können … Es würde einzig um die beiden Halter, deren Vernunft, verantwortungsbewusste Tierliebe, entsprechende Kompromissfähigkeit und guten Willen gehen. Eigentlich gar nicht unähnlich der Situation eines sich trennen wollenden Elternpaares, nicht wahr?

# Ein Aufruf an Männer und Väter

Robert M. plädiert anonym in etlichen Männerforen für männliche Emanzipation. Zudem sammelt er akribisch in eigener Sache gerichtliche Unterlagen, schriftliche Vorstöße, diverse Gutachten, Memos und datierte Telefonnotizen und legt diese in großen Ordnern ab, damit sein Sohn einmal alles über den Geschlechterkampf nachlesen kann, den offenbar seine Mutter losgetreten hat.

Selbst bezeichnet Robert sich als traumatisierten Trennungsvater. Traumatisiert von seiner Ex, vom Gesetzgeber, von Vormundschaftsbehörden, von seiner Umgebung, dabei unentwegt auf der Suche nach Lösungen.

Mein Lösungsvorschlag, die Obhut zu teilen und dies auch gerichtlich zu regeln, stieß bei Robert auf offene Ohren. Wobei wir uns einig waren, dass sich das bei einem Widerstand seitens einer rachsüchtigen Ex ebenfalls als schwierig erweisen könnte, aber das Kind immerhin, rein zeitlich gesehen, weniger dem negativen Einfluss der Mutter ausgesetzt wäre, sprich: der Vater mehr Einflussmöglichkeiten hätte.

»Es wäre durchaus eine Lösung, ja. Dann könnte zumindest der Zeitfaktor dem Wohl des Kindes dienlich sein. Mir bricht es nur schon das Herz, wenn ich miterleben muss, wie mein Kind, kaum bei mir angekommen, schon bald wieder gehen muss. Er will seine Sachen gar nicht mehr auspacken. Er fühlt sich nur noch hin und her gerissen zwischen seiner Mutter und mir. Ich tue, was ich kann, um ihn jeweils zu beruhigen. Es nützt wenig, er hat schon begonnen, sich irgendwie abzuschotten, Dinge nicht mehr an sich heranzulassen. Gelegentlich träumt er schlecht und wacht weinend auf. Ich habe mir sogar schon überlegt aufzugeben und in die Stadt zu ziehen, damit ihm zumindest dieser ständige Loyalitätskonflikt erspart bleibt, er etwas Ruhe hat.

Aber dann habe ich beschlossen: Nein! Ruhe wovon oder wovor denn? Vor mir? Was soll er dann einmal von mir denken? Dass ich ihn nicht genug geliebt habe? Resignieren kommt also nicht infrage. Ich kämpfe weiter, obwohl ich allmählich immer mehr den Eindruck erhalte, dass wir Männer kaum wirklich ernst genommen werden, wenn wir um die Beziehung zu unseren Kindern kämpfen wollen, weder von den Behörden noch der Umwelt, während Mütter tun und lassen können, was immer sie wollen.

Ich bin mir inzwischen sicher, dass meine Ex ihm irgendwann auch noch erzählen wird, dass ich, als sie sich eigenmächtig entschloss, schwanger zu werden, eigentlich gar kein Kind wollte, sogar länger mit ihr über eine Abtreibung debattiert hatte. Sie redet ja schon jetzt in seiner Gegenwart schlecht über mich, dabei ist er noch nicht mal acht Jahre alt.

Damals hat sie sich durchgesetzt, ihren erzkatholischen Eltern zuliebe haben wir sogar geheiratet. Ich konnte mich recht bald mit der Schwangerschaft abfinden und mich auf ein Familienleben einstellen, mich sogar darauf freuen, schließlich liebte ich sie. Es hätte ja durchaus anders rauskommen können, nicht wahr? Dass ich wegen ihrer Eigenmächtigkeit mein Kind nicht wirklich hätte akzeptieren können.

Heute könnte ich mir ein Leben ohne meinen Sohn gar nicht mehr vorstellen. Meine Ex jedoch benützt meine damalige Abwehrhaltung als Alibi für ihr Verhalten. Dabei will sie mich einfach nur bestrafen. Wofür genau, weiß ich noch immer nicht. Dass ich sie mit ihrem Geliebten auf unserem Sofa ertappte? Meint sie, ich würde das unserem Kind auf die Nase binden? Dass seine Mutter dafür bekannt war/ist, recht locker mit Männern umzugehen? Sicher nicht. Aber vielleicht schämt sie sich deswegen und will für gleich lange Spieße sorgen, was weiß ich.

Sie wollte das Kind, ihre Eltern wollten die Heirat, sie wollte die Scheidung wegen eines anderen, der angeblich besser zu ihr passt, und jetzt will sie mich auch noch außen vor haben. Sie wollte, sie wollte, sie will … Ich will aber auch etwas! Nämlich meinen Sohn.

Und hier ist ihr jedes Mittel recht, um mit allen nur möglichen Tricks mein Umgangsrecht auf ein Minimum zu reduzieren. Sie hat nun mal die Obhut und damit das Sagen, dagegen komme ich auch mit dem Pochen auf das gemeinsame Sorgerecht nicht an. Weil mein Sohn bei ihr lebt, hat sie mehr Macht und kann ihn buchstäblich annektierten, ihn immer wieder von mir fernhalten. Sie fährt in den Urlaub, überlässt mir in der Zeit aber nicht mein Kind, sondern lässt es bei ihren Eltern oder Freunden.

Seit Neuestem will sie bei der Vormundschaftsbehörde durchboxen, dass wenn schon Umgang, dann nur noch begleiteter. Wahrscheinlich weil sie meine neue Lebensgefährtin nicht ausstehen kann (deren Vater leitet in der Gegend eine große Ladenkette) und nun reihum verkündet, dass ich meinen Sohn nur pro forma bei mir habe, um ihn dann praktisch zu vergessen, wenn ich meine Freundin in teure Restaurants ausführe. Da müsse er alleine in meiner Wohnung zurückbleiben und sich ängstigen. Was natürlich noch nie der Fall war! Auch müsse er bei mir dieselben Kleider tagelang tragen, obwohl diese längst völlig verschmutzt seien, auch seine Zahnpflege würde ich vernachlässigen, wiederum wegen meiner ›neuen Liebschaft‹. Sie fürchte um das ›Kindeswohl‹. Was immer sie Unsinniges sagt und behauptet – stets wird sie dabei von ihrem Umkreis voll unterstützt. Sogar Zeugen kann sie hervorzaubern.

Also nochmals ja! Wir Trennungsväter sollten dafür kämpfen, dass es nicht mehr selbstverständlich ist, dass die Obhut bei den Müttern liegt. Machen wir es uns da noch zu einfach, weil wir meinen, wir seien derart eingebunden in ein Leistungs- und Erfolgslebenskonzept? In einen Vollzeitjob bis zur Rente?

Sind wir weniger maskulin, wenn wir weniger arbeiten und uns so schon früh Freiräume schaffen? Vielleicht deswegen auf eine Golfclub-Mitgliedschaft, ein teures Auto oder auf Tauchferien auf den Seychellen verzichten müssen?

Können wir nicht mehr mitreden, wenn wir nicht mindestens eine Breitling-Uhr und eine Hermès-Krawatte tragen? Wird der Einladungsstapel zu Networking-Anlässen dünner? Verschwindet sogar ganz? Na und, kann ich da nur sagen.

Frauen machen ganz selbstverständlich Teilzeitarbeit, damit sie mehr Zeit zur Verfügung haben. Ob die allerdings für ihr Kind oder den Besuch eines Nagelstudios verwendet wird, sei dahingestellt. Ist in dem Zusammenhang auch völlig unwichtig. Es geht um die Lebensplanung von uns Männern.

Wir sollten uns endlich befreien von unserem Leistungswahn und dem zugehörigen Rollenbild. Wir sind nämlich in einem Hamsterrad gefangen und wollen es so lange nicht zur Kenntnis nehmen, bis unser Privatleben wie von einem Tag zum anderen explodiert. Und dann ist es häufig zu spät, und wir beginnen zu jammern, weil wir uns als Opfer fühlen.

Dabei haben wir uns freiwillig in die Rolle drängen lassen. Ein totaler Schwachsinn! Übrigens ist vor Kurzem ein guter Bekannter von mir an einer Hirnblutung verstorben. Er hatte es in noch jungen Jahren, mit Totaleinsatz und regelmäßigen 60-Stunden-Wochen, bis zum Posten des CEOs eines größeren Unternehmens geschafft. Er hinterlässt eine Frau und drei noch minderjährige Kinder.«

Traurig! Wenn ich Geschichten über Männer höre, die sich in erster Linie über ein Vasallentum im Leistungsbereich definierten, darüber sich selbst, ihre Beziehung und Vaterschaft vernachlässigten, überlege ich mir manchmal, ob die alte Sitte, auf den Grabstein die stolze Berufsbezeichnung des verstorbenen Mannes einzumeißeln, nicht wieder eingeführt werden sollte. So quasi als Post-mortem-Bonus für ein allzu frühes Sterben infolge eines längst überholten Rollenverständnisses …

# Eingeschobene Fragen an einen Trennungsvater (Hermann V.)

Hermann V., 52-jährig, Jurist
Heirat 1990, Trennung 2009
Drei Kinder (davon ein Zwillingspärchen),
bei der Trennung 13, 13 und 8 Jahre alt

*Gibt es in Fällen von weiblichen Rachefeldzügen irgendwelche erkennbare gemeinsame Muster in den vorgängigen Beziehungen oder in der Art des Beziehungsendes? Haben Sie da persönliche Erfahrungen?*

H. V.: Keine persönlichen. Aber aus den Gesprächen mit anderen Trennungsvätern kann ich da schon gewisse Parallelen erkennen: Offenbar ist es ziemlich egal, wer von beiden die Trennung veranlasst hat. Grundgedanke einer rachsüchtigen Frau scheint zu sein, sie habe für die Zeit, die sie ihm »geopfert« hat, eine Art »Entschädigung« verdient. Und er hat für das, was er ihr »angetan« hat, zu büßen. Was genau er ihr aber angetan hat, bleibt häufig unklar.

*Welche Rollen spielen die eventuellen Nachfolgebeziehungen, sprich der neue Partner der Frau beziehungsweise die neue Partnerin des Mannes?*

H. V.: Als meine Ex von meiner neuen Partnerin erfuhr, hat dies ihre angestaute Wut und Enttäuschung erneut angestachelt. Außerdem hatte sie nun außer mir noch jemanden, gegen den sie die Kinder aufhetzen konnte. In vielen Fällen funktioniert das offenbar, in meinem ging es daneben. Das dürfte mit meiner ganz persönlichen Trennungsgeschichte zusammenhängen: Ich bin nicht einfach Knall auf Fall ausgezogen, sondern habe meine Kinder darauf vorbereitet, habe im Vorfeld mit ihnen darüber geredet. Ich konnte ihnen bewusst machen, dass ich mich von ihrer Mutter trennen werde, nicht von ihnen. Das war möglich, weil meine Kinder zum Zeitpunkt der Trennung bereits acht und jeweils 13 Jahre alt waren. Ob so was auch mit deutlich jüngeren Kindern gut gegangen wäre, da habe ich gewisse Zweifel. Inzwischen hatte meine Ex diverse Beziehungen, die ihr keinesfalls zu einem positiveren Verhalten mir gegenüber verhalfen beziehungsweise verhelfen. Sie verzeiht nicht.

Als ich meine Kinder etwa zehn Monate nach der Trennung zu unserem ersten Umgangstag abholen konnte (was erst nach einem mühsam erwirkten Gerichtsbeschluss möglich war), lebte meine neue Lebensgefährtin mit ihrem zwölfjährigen Sohn bereits bei mir. Die Kinder eröffneten mir gleich nach dem Einsteigen ins Auto, dass sie auf keinen Fall bei

mir bleiben wollten, wenn »die« auch da sei. Das hatte ich erwartet. Ich sagte ihnen, wir würden jetzt erst mal gemeinsam frühstücken und danach entscheiden, wie es weitergehen soll.
Mit meiner Partnerin war abgesprochen, dass sie im Ernstfall, also wenn es tatsächlich anders nicht möglich sein sollte, nach dem Frühstück mit ihrem Sohn einen Ausflug machen würde. Das war aber gar nicht erforderlich. Nach dem Frühstück war die Stimmung dermaßen entspannt, dass dieses Thema nicht einmal mehr angesprochen wurde. Sehr deutlich wurde dadurch, dass der Wunsch auf Abwesenheit meiner Lebensgefährtin auf meine Ex zurückzuführen war.

Ihrer Mutter haben meine Kinder aber noch lange Zeit nach jedem Umgangstag aufs Neue erzählt, meine Partnerin sei nicht mit dabei gewesen. Zwar habe ich ihnen immer wieder gesagt, dass ich von dieser Lügerei nichts halte, es ihnen aber letztlich selbst überlassen, was sie ihrer Mutter erzählen und was nicht.

*Könnte es sein, dass die betroffenen Männer ihre Beziehung zum Kind erst dann wirklich spüren, wenn sie darum kämpfen müssen? Wie haben Sie das erlebt?*

H. V.: Meine Kinder waren auch während der Ehe so ziemlich das Wichtigste in meinem Leben, und das habe ich sie auch spüren lassen. Es ist mir wahnsinnig schwergefallen, meine

Kinder zurückzulassen. Alle drei haben nach der Trennung mehrfach gesagt, es wäre besser gewesen, wenn Mama ausgezogen wäre. Soweit ich weiß, haben sie das ihr gegenüber nie geäußert. Als ich meine Ex einmal im Rahmen einer ziemlich hitzigen Gerichtsverhandlung mit dieser Aussage konfrontierte, ging sie hoch wie ein Sektkorken. Ich habe das nicht weiter thematisiert, sondern mich nur zurückgelehnt und amüsiert beobachtet, wie sie sich echauffierte. Manchmal bin ich halt auch ein bisschen gemein.

*Wenn das Kindeswohl ganz offensichtlich im elterlichen Konflikt zermalmt wird: Warum lassen Männer dann nicht los, ganz im Sinne einer Eindeutigkeit? Also das Kind besser bei der Mutter lassen, als eine Zerrissenheit zwischen Mutter und Vater zu riskieren? Salomonisch…*

H.V.: Das habe ich durchaus auch getan. Als ich mir eine eigene Wohnung gesucht habe, wollte einer der damals 13-jährigen Zwillinge eigentlich mit mir zusammen ausziehen. Als es dann so weit war, hat die Mutter ihn jedoch dermaßen bearbeitet und unter Druck gesetzt, dass er sich nicht mehr getraut hat. Er war entsprechend erleichtert, als ich nicht darauf bestand.
Es war nie eine Option für mich, meine Kinder im Stich zu lassen. König Salomon ist längst tot. Es gibt heutzutage keine Richter, die in diesem Sinne entscheiden. Ich bin keinesfalls davon überzeugt, dass ein Loslassen im Sinne von »nicht

mehr für sie da sein« für meine Kinder, selbst unter noch ungünstigeren Verhältnissen, besser gewesen wäre.

Auch habe ich bisher noch keinen Vater kennengelernt, dem es darum geht, der Mutter etwas wegzunehmen, ganz im Gegenteil. Es bringt ihr doch Entlastung, wenn der Vater sich um die Kinder kümmert, Verantwortung übernimmt. Sie muss sich dann nicht mehr um alles kümmern – das ist es doch, worüber die alleinerziehenden Mütter am lautesten klagen … Voraussetzung dafür ist jedoch ein Minimum an Kommunikation, und daran scheitert es bei meiner Ex. Dazu ist sie einfach nicht bereit. Auf die Frage einer Richterin, warum sie mich denn nicht informiere, wenn die Kinder an den Umgangstagen irgendwelche anderweitigen Termine hätten, antwortete sie einmal lapidar: »Mit dem will ich nichts mehr zu tun haben!«

Dabei hätten doch alle etwas davon, allen voran die Kinder, aber auch beide Expartner, wenn dieses Minimum funktionierte. Wenn es dazu erforderlich ist, sich ab und zu mit dem/der inzwischen vielleicht verhassten Ex abzusprechen, dann ist das in meinen Augen ein sehr kleiner Preis für dieses Win-win-Ergebnis. Man muss ja noch nicht mal persönlich miteinander reden, es geht durchaus auch über Mail oder SMS. Aber man muss es tun!

*Wenn emotionale Gesichtspunkte völlig außer Acht gelassen würden: Gäbe es Ihrer Erfahrung nach bei einem sich abzeichnenden Trennungskrieg einen generellen Weg, der für den Mann juristisch, organisatorisch und finanziell am wenigsten aufwendig wäre? Hätten Sie da einen Rat für andere Männer?*

H. V.: Einen Tschetschenen anheuern? Nein, im Ernst, wenn einer der beiden Eltern alle Bemühungen für ein sinnvolles Zusammenwirken auf Elternebene blockiert, dann kann man(n) nur versuchen, »das Beste draus zu machen«, was immer das im Einzelfall auch bedeuten mag.

*Gibt es bei Männern so etwas wie diverse Phasen im Krieg um die Kinder? Etwa wie: Schuldgefühle – Unverständnis – Widerstand – Angriff – Fassungslosigkeit – Resignation – Trauer – Heimlichkeit – Verdrängung? Wie war es bei Ihnen?*

H. V.: All dies wechselte und wechselt sich ständig ab. Es gibt meiner Ansicht nach keine Phase, die sich irgendwann mal erledigt hätte. Lediglich die Phase »Unverständnis« spielt für mich keine Rolle mehr. Ich verstehe nach wie vor nicht, weshalb meine Ex so agiert, wie sie es tut, aber das ist mir inzwischen auch egal.

*Wie lernfähig sind alleine schon mal die Männer? Wiederholen sich negative Beziehungs- und Konfliktmuster in deren Nachfolgebeziehungen? Welches ist Ihre Einschätzung beziehungsweise Erfahrung?*

H. V.: Weiß ich nicht. Wenn man sich die Statistik anschaut, nach der Zweitehen noch häufiger geschieden werden als die ersten, dann sieht es mit der Lernfähigkeit hier offenbar nicht besonders gut aus. Man(n) lernt offenbar nie ganz aus.

*Meinen Sie, dass sich professionell Beteiligte (Mitarbeitende von Vormundschaftsbehörden und Jugendämtern wie auch Anwälte, Richter, Psychologen, Sozialarbeiter etc.) eher konfliktschürend denn konstruktiv auswirken können? Verfügen Sie da über persönliche Erfahrungen, beziehungsweise hätten Sie Ratschläge?*

H. V.: Natürlich können sie. Und es gibt auch sicherlich etliche, die das tun. Es gibt überall solche und solche. Bei Anwälten kommt noch dazu, dass die so agieren, wie es der Mandant möchte. Ein guter Anwalt jedoch sollte einen streitsüchtigen Mandanten »im Griff« haben.

Die anderen genannten Berufsgruppen, die der sogenannten Helfer, können vor allem dann konfliktschürend sein, wenn sie voreingenommen an einen Fall herangehen. Zum Beispiel mit dem Grundsatz: »Ein Kind gehört zur Mutter!« Ratschlag habe ich da keinen. Ein Vater sollte da möglichst souverän bleiben, eben weil es doch ums Wohl des Kindes gehen muss. Im Zweifel sollte er halt die eine oder andere Kröte schlucken. Allerdings nur, wenn er damit nicht die eigene Grundhaltung aufgibt. Gott sei Dank blieb mir dieser Nervenkrieg erspart.

Lediglich der dritte Anwalt meiner Ex (zurzeit verschleißt sie gerade ihren vierten) war so ein geleckter Wadlbeißer. War aber kein größeres Problem für mich. Schließlich bin ich selber Jurist und weiß, wie vor Gericht zu agieren und dass auf Provokationen – wenn überhaupt – ruhig und sachlich zu reagieren ist. Lediglich einmal habe ich mir einen Ordnungsruf des Gerichts eingehandelt, als ich ihm auf eine seiner Provokationen erwiderte: »Flatulenzen riechen nicht besser, nur weil sie von einem Anwalt kommen!«

*Wie schätzen Sie die Rechtsentwicklung rund um das Scheidungs- und Sorgerecht ein? Gibt es Ihrer Meinung nach klar definierbare Bestimmungen, welche zu besonders unschönen Situationen bezüglich des Kindeswohls führen? Und wenn ja, welche?*

H.V.: Wenn ich die Entwicklung des Scheidungsrechts in Deutschland anschaue, kann ich sagen, ja, da hat sich schon einiges Sinnvolles getan. Während bis zum Ende des letzten Jahrhunderts der Wahlspruch der scheidungswilligen Frau lautete: »Die kluge Ehefrau behält alles – außer ihrem Ehemann!«, wird heute schon mehr auf den Einzelfall geschaut.

Diese Entwicklung geht aber quälend langsam vonstatten. Notwendige Reformen werden zerredet und dem politischen Mainstream angepasst, bevor sie dann reichlich verwässert irgendwann in Kraft treten. Beispielhaft finde ich da die Reform des Sorgerechts für unverheiratete Väter:

Nachdem der Europäische Gerichtshof für Menschenrechte diese Reform bereits im Jahr 2010 gefordert hatte, trat 2013 ein Gesetz in Kraft, das am Grundproblem – nämlich der Einspruchsmöglichkeit der Mutter mit der Folge, dass der Vater das Sorgerecht nun doch wieder auf dem Gerichtsweg erstreiten muss – nichts ändert. Bis zur Entscheidung des Gerichts hat der Vater nach wie vor kein Sorgerecht.
Lediglich die Beweislast wird umgekehrt. Bisher musste der Vater nachweisen, dass das gemeinsame Sorgerecht dem Kindeswohl dienlich ist, nun muss die Mutter Gründe anführen, weshalb es dem Kindeswohl abträglich sei. Nun ja, immerhin etwas. Aber ich hätte mir in diesem Punkt vom Gesetzgeber mehr Mut und Entscheidungsfreude gewünscht. Etwa: Grundsätzlich gilt das GSR ab Geburt des Kindes und kann einem Elternteil nur unter den gleichen Voraussetzungen entzogen werden, wie sie auch für miteinander verheiratete Eltern gelten.

Die Rechtsprechung hängt der Rechtsentwicklung dann noch einmal hinterher. Das ist nicht weiter verwunderlich, schließlich müssen die Richter ihre eigene Rechtsauffassung nun erst mal der neuen Gesetzeslage anpassen. Häufig passen sie jedoch lediglich ihre Begründungen für die Entscheidung den neuen Paragrafen an.

Gerät ein Vater zum Beispiel an einen altgedienten Richter, dessen Entscheidungstenor seit 30 Jahren lautet: »Ein Kind gehört zur Mutter« (auch wenn er es seit 15 Jahren etwas geschickter und gesetzeskonform ausformuliert), so wird er sich schwertun, das alleinige Aufenthaltsbestimmungsrecht zugesprochen zu erhalten. Wie hat es mal ein Richter in einem Umgangsrechtsverfahren so schön formuliert: *»Es geht hier nicht um die Wahrheit, sondern darum, wer am besten lügt.«*

Ambivalent bin ich bezüglich der ständigen politischen Bemühungen, die sogenannten Alleinerziehenden zu fördern und zu entlasten. Eine Frau, die das gesellschaftlich anerkannte Prädikat »alleinerziehend« für sich geltend macht, sollte meines Erachtens als Erstes gefragt werden: »Warum bist du alleinerziehend? Will der Vater bei der Erziehung nicht mitwirken, oder lässt du ihn nicht?«

# Rachefeldzug gegen den Ex

# Wofür eigentlich wird der Mann bestraft?

Bei all den Fragen nach den Motiven einer rachsüchtigen Ex fällt mir immer wieder Michael Meller ein, mein Literaturagent, der anlässlich einer anregenden Diskussion zu diesem Buch eine seiner stets etwas sarkastisch gefärbten Meinungen äußerte: »Ich sehe eine mögliche Ursache für weibliche Rache folgendermaßen: Da sieht einer toll aus, hat nette Manieren, kommt aus einem guten Stall, und schon meinen viele Damen, dass der Typ einfach erste Sahne sein muss.

Dann krallt ihn eine, ist furchtbar stolz auf ihre Vorzeige-Beute, lebt eine Weile mit ihm zusammen, um erst dann zu merken, dass er eigentlich die verkörperte Langeweile ist. Okay, sie hat sich in ihm getäuscht, so what? Jetzt könnte sie ja die Koffer packen und ihn verlassen, anständig und in beidseitig gutem Einvernehmen. Aber nein! Verzeihen tut die das dem armen Kerl nie und nimmer! Jetzt wird drauflosgekloppt, er muss bluten, er hat nämlich ihre Illusionen kaputt gemacht. Da könnt ihr Frauen gnadenlos sein.«

»Gesichtsverlust?«, hatte ich nachdenklich gefragt. An diesem Aspekt könnte trotz allem Sarkasmus etwas dran sein. Der Mann als Stellvertreter für die Lebenserwartungen einer Frau, der aber dann ihre Träume doch nicht umsetzen kann oder will, ihren romantischen Erwartungen nicht entspricht, der sie für ihr Empfinden irgendwie im Regen stehen lässt. Der böse, weil sie frustrierende Mann, der sie und ihren Beuteinstinkt vor aller Welt blamiert … Und damit ihre Person, ihr Ego, ihr Selbstverständnis ganz grundsätzlich infrage stellt. Grrrr, sagt sich eine solche Frau!

»Jawohl! Ihr Frauen wollt doch alle nur Märchenprinzen und seid dann kolossal frustriert und nachtragend, wenn ihr euch und allen anderen gegenüber zugeben müsst, dass ihr eben doch nur einen Frosch geangelt habt, wenn auch einen der edleren Sorte«, hatte Michael noch gelacht.

Und wenn Kinder im Spiel sind, müssen die diesen Frust unter Umständen mit ausbaden, fügte ich in Gedanken hinzu. So viel dann zum Kindeswohl.

# Ein klärendes Fachfrauengespräch über weibliche Rachsucht – erste Runde

»Ein echter Heuler, der Ausspruch deines Agenten! Und natürlich stimmt das überein mit einem in vielen Fällen mangelnden Selbstwertgefühl bei Frauen. Das ist bei uns Frauen nun mal eine weit verbreitete Krankheit, nicht wahr?«, meinte Eloise, die Doyenne in meiner kleinen Fachfrauengruppe. Wir sitzen in unregelmäßigen Zeitabständen zusammen, um uns über diverse Themen und Anliegen auszutauschen. Jetzt geht es, natürlich, um die möglichen Motive der sich rächenden Frauen.

Eloise ist etwas über 80 Jahre alt, war praktizierende Ärztin und Psychoanalytikerin in Deutschland, ist längst geschieden und kinderlos. »In meiner Generation war es absolut üblich, dass Frauen im zweiten Glied zu stehen hatten. Das wurde uns auch so in frühesten Jahren beigebracht. Es war Teil unserer Persönlichkeit. Dazu gehörte aber auch, dass wir uns umgehend schuldig fühlten, wenn etwas in unseren Beziehungen zu Männern, die ja im ersten Glied standen, nicht funktionierte. Wir waren ja auch vatergläubig erzogen worden.«

»Das ist noch immer so«, nickt die wesentlich jüngere Lou, die hier nicht näher beschrieben sein will. »Wir Weiber sind immer irgendwie schuld, entweder weil wir zu viel oder zu wenig Frau sind. Wenn wir zur Mutter werden, zu diesem angeblichen Salz der Erde, sind wir noch viel mehr schuld. Unser zweiter Name ist Schuld.«

»Genau! Und wir warten ständig auf einen Messias, der uns von diesem kollektiven Schuldgefühl erlöst.« Esther ist Jüdin, Jungianerin, Feministin der ersten Stunde und stets voll dabei, wenn es darum geht, nach irgendwelchen psychischen Wurzeln zu graben und deren mystische Ursprünge aufzudecken.

»Ein Mann, natürlich. Ein Mann, der uns zumindest temporär sagt, wie toll wir sind, wie einmalig, wie klug, der uns stolz macht und in den wir uns dann auch prompt verlieben. Sollte irgendwann mal die Chose schieflaufen, sind natürlich wir wieder schuld, weil wir offensichtlich doch nicht so wunderbar und einmalig sind, wie er, der Gute, anfänglich vermutete. Wir haben ihn ge- und enttäuscht, wir sind unzulänglich, wir sind Schlampen.« Lou weiß da aus eigener Erfahrung bestens Bescheid.

»Und schämen uns vielleicht sogar«, brummelt Esther, ebenfalls wegen eigener Erfahrungen.

»Na, na«, besänftigt Eloise.

»Ist euch aber bewusst, dass viele von uns Frauen gar nicht wissen, was sie ohne diesen Spiegel, den ihnen ein Mann vorhält, auch wirklich wären?«, fragt Lou. »Allerdings ist es ein trügerischer Spiegel, denn er spiegelt ja nicht die Wirklichkeit, sondern nur die Illusion, an die genau diese Frauen sich klammern.«

»Wehe, der Spiegel verschwindet... Weil Sie es sich wert sind oder dann plötzlich nicht mehr. Ist das nicht eine Kosmetikreklame? Dieses ›es sich wert sein‹? Das zielt voll auf dieses generell schnell zu verunsichernde Selbstwertgefühl der Frauen. War garantiert ein Mann, der den Spruch entwickelt hat. Genial. Er selbst würde nie auf so einen Spruch anspringen, er hat's auch nicht nötig«, sinniert Eloise vor sich hin.

»Nichts oder nichts mehr wert sein, hm, dann wird frau abgelegt«, meine ich. »Wobei das zu einfach ist. Frauen mit einem schlechten Selbstwertgefühl werden nicht einfach böse, weil die Beziehung zu Ende ging. Diese Frauen fühlen sich infrage gestellt, in ihrem innersten Kern getroffen, sie explodieren förmlich. Denn eine lang gehegte Illusion über sich selbst geht in die Brüche, da hat Lou völlig recht. Der vorgehaltene Spiegel war nur trügerisch, er zersplittert in dem Moment, in dem der Mann ihr den nicht mehr vorhält oder vorhalten will. Ein künstliches Selbstbild löst sich buchstäblich in Luft auf. Das kann und will sie nicht akzeptieren.«

»Oder sie macht eine Analyse und geht den Ursachen ihres dürftigen Selbstwertgefühls nach, das ihr suggeriert, dass ein Mann, wie immer er auch sein mag, noch immer besser ist als kein Mann. Denn ohne ihn sei sie keine vollwertige Frau«, meint Esther.

»Stimmt das auch für die rachsüchtigen Ex aus deinen Fallgeschichten? Die sind ja auch noch Mütter«, will Lou wissen.

»Klar doch. Da erhält die Sache noch mehr Wucht. Die kaputt geschlagene Illusion greift auf zwei Ebenen. Denkt an den Archetypen der Mutter«, antwortet Esther an meiner Stelle. »Die unglaubliche Ambivalenz der Mutterschaft, das Gebärende, Heilende, Schützende, aber auch das Bedrohliche, Mächtige, Verschlingende, Eifersüchtige. Siehe das Beispiel Medea!«

»Wieso gerade Medea?«, fragt Eloise.

»Weil die aus Rache als Frau und Mutter eine wahre Blutspur nach sich zieht.«

»Erklär das mal«, fordert Lou.

»Medea liebt Jason. Sie tötet den eigenen Bruder oder wird zumindest an dessen Tod mitschuldig, nur damit Jason das Goldene Vlies stehlen kann, das ihr Vater ihm nicht geben wollte. Woraufhin sie fliehen muss. Zusammen mit Jason segelt sie auf dessen Schiff nach Iolkos, zu König Pelias, dem Auftraggeber des Diebstahls. Dort aber erfährt Jason, dass dieser seinen Vater in den Selbstmord getrieben hat, weil er ihm erzählte, dass er, Jason, angeblich mit seinem Schiff gesunken sei. Jason wird wütend. Medea, die ja weiß, dass Pelias dem Jason alles andere als wohlgesinnt ist … hm, sonst hätte er den Argonauten ja auch nicht ausgesandt, das Goldene Vlies zu holen, nicht wahr? Das reinste Selbstmordkommando, das nur dank Medeas Zauberkräften gelingen konnte. Wo war ich …?«

»In der griechischen Mythologie«, seufzt Lou ergeben. »Bei der Zauberin Medea, die einen bösen König durchschaut oder so ähnlich.«

»Genau!«, nickt Esther erfreut. »Also erzählt Medea der liebenden Tochter von Pelias, dass sie ihren doch schon alten Vater dadurch verjüngen könnte, dass sie ihn in kleine Stücke zerschneidet und dann ausgiebig kocht. Irgendwie den alten Herrn in die ursprüngliche Façon zurückmarinieren und dann frisch und aufgepeppt zusammenfügen, stell ich mir vor.«

»Und jetzt sind wir bei Anti-Aging-Kochrezepten angelangt«, frotzelt Lou.

»Nach vollbrachter Rache zieht sie mit Jason nach Korinth, wo sie glücklich verheiratet eine Weile leben und zwei Söhne haben …«, fährt Esther unbeirrt fort.

»Bitte, Esther, komm zu Potte!«, fleht Lou.

»In Korinth aber kommt Medea nicht so gut an, man fürchtet ihren Ruf, ihre Zauberkräfte. Plötzlich steht sie dem politisch ehrgeizigen Jason im Weg. Er verstößt sie«, werfe ich ein, »und heiratet eine andere.«

»Der Drecksack! Nach all dem, was sie für ihn getan hat!«, tut Lou empört.

»Jawohl.« Esther nickt mir anerkennend zu. »Er vermählt

sich mit der schönen Tochter des Königs von Korinth. Und jetzt kommt's: Medea rächt sich, indem sie nicht nur den König tötet, der die Zustimmung für diese Heirat gegeben hat, sondern auch dessen Tochter, also Jasons neue Braut. Dann setzt sie gleich noch eins drauf. Sie killt die gemeinsamen zwei Söhne!«

»Wow! Könnte direkt aus einem Tarantino-Film stammen. Was macht dieser Jason jetzt? Erschlägt er das Weib?« Lou ist neugierig geworden.

Esther schüttelt den Kopf: »Medea flieht, und Jason bringt sich um, nachdem er vorher doch noch König von Korinth wurde.«

»Er erlag seinen posttraumatischen Belastungsstörungen«, sage ich ironisch.

»Amen«, meint Lou.

»Im Buch Jesus Sirach, im Kapitel 26,6, wird darauf hingewiesen: ›Eine eifersüchtige Frau bringt Kummer und Betrübnis ...‹«, fügt Esther noch hinzu.

»Damit hätten wir, laut Esther, Eifersucht als möglichen Grund für diese Rache. Medea kann sich nicht damit abfinden, kann es nicht ertragen, dass Jason eine andere Frau mehr liebt«, fasse ich zusammen. »Es steckt aber noch mehr dahinter, viel mehr, denke ich.«

Alle nicken. Eloise spricht als Erste: »Enttäuschung, Frust und zurückgewiesene Liebe. Lou hat völlig recht, wenn sie Jason als Drecksack bezeichnet, so sieht es Medea nämlich auch. Denn sie hat ihm zu seinem Erfolg verholfen, von Anfang an. Und er schätzt sie nicht dafür, er erkennt weder ihre Liebe noch ihren Anteil an seinem Erfolg an, er missachtet sie. Denkt mal nach!

Für ihn hat sie Vater und Land verlassen, für ihn hat sie ihre Zauberkunst eingesetzt, damit er dieses Goldene Vlies trotz eines immer wachsamen Drachens stehlen konnte, wurde dabei sogar mitschuldig am Tod des eigenen Bruders, hat seinen Hauptfeind listig umbringen lassen, ist mit ihm weitergezogen, hat ihm Kinder geboren – und dann? Was tut der Kerl? Zum Dank für all ihre Opfer und Taten zu seinem Wohl und Erfolg verlässt er sie nach einigen Jahren für eine andere, die vielleicht jünger und schöner ist, erst noch in der Absicht, durch sie einmal die Königskrone von Korinth zu erhalten. Kommt euch das Muster nicht irgendwie bekannt vor?«

Esther wirkt nachdenklich. »Verrat an der Liebe, ja. Ich glaube, das ist für eine Medea das Schlimmste. Sie tötet nicht nur seine neue Frau, sondern auch noch die eigenen Söhne, die ja seine Nachkommen, seine rechtmäßigen Erben wären … Nichts soll ihm bleiben, nichts. Er soll bloß leiden, einfach vor sich hin leiden. Ihn bringt sie ja nicht um, das wäre allzu gnädig.«

»Sagte ich ja! Könnte ein Tarantino-Klassiker sein. Völlig skrupellos geht diese Medea vor. Was dieses Weib alles verbockt und verbrochen hat, spielt überhaupt keine Rolle. Sie will nur noch den Mann strafen, der sie nicht mehr will. Die muss null Selbstwert gehabt haben, die wollte nur von ihrem Jason gespiegelt werden als das tolle Weib, das sie eben doch nicht war.

Und da die damals wohl kaum so was wie ein Sorgerecht hatten und Medea in diesem Sinne dem Vater die Söhne auch nicht einfach entfremden oder wegnehmen konnte, hat sie die Kids einfach gekillt. Sie hat dem Vater die Söhne für immer entrissen, indem sie diese kaltblütig umbrachte. Ich glaube nicht, dass sie dabei auch nur eine Nanosekunde ans Kindeswohl dachte. Das tun Medeas nie.«

Wir übrigen drei Frauen schauen Lou fast ehrfürchtig an. Was für eine plakativ pralle Zusammenfassung!

»Irgendwie verstehe ich jeden Mann, der sagt, er verstehe uns Frauen nicht«, murmelt Eloise.

»Tja, warum nehmen sich Männer denn nicht die Zeit, uns besser zu verstehen?«, meint Esther aufgebracht. »Wir prügeln auf unsere Geschlechtsgenossinnen ein, fühlen uns selber hier und da schuldig, aber irgendwo liegt da ein grundsätzliches Missverständnis zwischen den Geschlechtern. Warum zum Beispiel glauben viele Männer, sie könnten uns manchmal, dabei erst noch ungestraft, wie Wegwerfartikel behandeln? Medea ist auch dafür ein Beispiel. Vergessen wir mal, dass sie als Kindsmörderin in die Sagen einging. Sie hat sich doch tatsächlich hinter ihren Mann gestellt, mit all ihren Fähigkeiten. Sie war loyal. Wie aber dankt der ihr das, wie?«

»Ach, Esther«, antwortet Lou. »Als Nächstes wirst du

uns noch sagen, dass hinter jedem erfolgreichen Mann eine starke Frau steht. Und damit sind Mann wie Frau fein raus. Keiner muss sich und sein Rollenverständnis hinterfragen, auf ewig nicht. Fast die Hälfte aller Ehen wird geschieden, inklusiv die meine. Ich finde, alleine das sollte zum Nachdenken anregen bezüglich dieser Art von weiblicher Loyalität, die ja nichts anderes ist als Selbstaufgabe, die dann, je nach Bedarf, dem Mann angelastet wird. Wohlgemerkt, ich weiß da gut Bescheid.« Wir nicken, wir kennen ihre Geschichte.

»Und dann kommt ein Kind, und plötzlich verschiebt sich auch ein solches System«, sage ich.

»Was meinst du damit?«, fragt Eloise.

»Die Paarebene verändert sich dramatisch«, erwidere ich. »Aus zwei wird drei und eventuell noch mehr ...«

»Und deswegen meinen nach wie vor selbst moderne Frauen, sie könnten Männer für die Umsetzung ihrer Lebensziele manipulieren, weil sie ja jetzt Kinder haben und sich deshalb nicht mehr rühren müssen. Der Mann als Hauptérnährer? Als Umsetzer gewisser hochgeschraubter Vorstellungen?«, kontert Eloise. »Was war es denn bei deiner Mutter? Hat die sich im übertragenen Sinne nicht durchaus auch ›medeaesk‹ verhalten?«

Ich kann da nur die Schultern zucken, ich weiß es wirklich nicht. Aber der Hinweis sitzt.

»Manchmal denke ich, wir alle sind einfach Produkte unseres Elternhauses. Dort lernen wir schließlich, wie Mann und Frau miteinander umzugehen haben«, sagt Lou etwas trübsinnig.

»Das wäre ja furchtbar«, erwidert Esther sofort. »Wenn ich mein Elternhaus anschaue, müsste ich mich irgendwohin verkriechen, wo es bitte null soziale Kontakte gibt. Denn das Zwischenmenschliche haben meine Eltern nie geschafft. Deren Ehe ist ja auch die reine Zweckgemeinschaft. Keine Ahnung, warum die mal zusammenkamen und mich auch noch gezeugt haben. Mein Vater betitelt meine Mutter gerne als Hexe, und das ist keinesfalls liebevoll gemeint. Sie schafft es, sich binnen kürzester Zeit mit Gott und der Welt zu verkrachen, weil sie überall nur kritisiert und sich als was Besseres fühlt. Er ließ und lässt sie gewähren, lebt sowieso hauptsächlich in seinem Studierzimmer und wird einfach immer öfters krank, und sie giftiger.«

»Na, jetzt wissen wir, warum du nie geheiratet hast oder Kinder wolltest«, bemerkt Eloise mitfühlend.

»Volltreffer! Mir fehlten die Vorbilder, dessen war ich mir immer bewusst. Mein Vater ist genauso wenig eine moralisch-autoritäre Instanz, wie meine Mutter eine zuverlässig-behütende ist.«

»Esther, lies zum leidigen Thema elterlich-eheliche Vorbilder doch mal die ›Eingeschobenen Fragen an einen Trennungsvater‹. Ihr anderen natürlich auch. Der Mann, Ralf B., reflektiert nämlich recht gründlich zu vorgegebenen Rollenbildern«, schließe ich die Runde ab.

Wir kritzeln noch einige Notizen und vereinbaren schon mal den nächsten Gesprächstermin zum selben Thema.

# Eingeschobene Fragen an einen Trennungsvater (Ralf B.)

Ralf B., 48-jährig, IT-Spezialist
Heirat 1995, Scheidung 2001
Zwei Kinder, bei der Trennung fünf und zwei Jahre alt

*Gibt es in Fällen von weiblichen Rachefeldzügen irgendwelche erkennbaren gemeinsamen Muster in den vorgängigen Beziehungen oder in der Art des Beziehungsendes? Haben Sie da persönliche Erfahrungen?*

R. B.: Ich glaube, dass ein Mann sich häufig eine Frau sucht, die leider auch in den negativen Aspekten seiner Mutter ähnlich ist. Das ist nie von Anfang an klar, denn die Frauen sehen ja nicht wie die eigene Mutter aus, aber im Beziehungsverhalten findet sich dann doch öfters eine Widerspiegelung des elterlichen Beziehungslebens. Zumindest war es bei mir so, und wenn ich mir einige Männer in Konflikttrennungssituationen ansehe, ist das dort nicht viel anders.

Bei mir zog es sich wie ein roter Faden durch mein Beziehungsleben, dass ich immer wieder an Frauen geriet, die direkt oder über die Mutter ein schwer gestörtes Verhältnis zum Vater hatten. Mit einem Haufen an Selbstreflektion gelang es mir schließlich, diese Symptome zu beachten, zu bearbeiten. Also darauf zu schauen, dass ich eine Partnerin habe, die auch mir guttut und bei welcher ich mich nicht in einer Art Helfersyndrom ihr gegenüber erschöpfe.

Als am hilfreichsten für eine konfliktfreie Beziehung und gegebenenfalls halt auch Trennung empfehle ich, schon mal darauf zu schauen, wie das Elternhaus des Partners aussieht. Ist der Umgang der Eltern des Partners (ob sie noch zusammen oder bereits getrennt sind) respekt- und achtungsvoll, sind die Chancen, glaube ich, gut, dass man das auch hinbekommt, vorausgesetzt natürlich, man ist selber dazu in der Lage.

*Welche Rollen spielen die eventuellen Nachfolgebeziehungen, sprich der neue Partner der Frau beziehungsweise die neue Partnerin des Mannes?*

R. B.: Rückblickend auf meine Beziehungen kann ich sagen, dass ich mich am besten mit meiner Ex verstanden habe, wenn keiner von uns einen Partner hatte. Das mag Zufall sein, kann aber auch daran liegen, dass der neue Partner bei Konflikten, die auch in einer friedlichen Expartnerbeziehung mal vorkommen (zum Beispiel Unstimmigkeiten über Erziehungsfragen), mitmischen will. In positiver Absicht, um den neuen Partner davon abzuhalten, sich eventuell über den Tisch ziehen zu lassen. In negativer, weil er eifersüchtig ist, wenn sich die Expartner gut verstehen, weil sie durch die gemeinsamen Kinder und die damit verbundene Geschichte zwangsläufig mehr Gemeinsames haben und miteinander teilen. Mit meiner Ex und den Kids bin ich zwei Jahre nach einem unserer größeren Trennungskonflikte sogar in den Urlaub gefahren. Es war harmonischer als zu unseren Beziehungszeiten.

Die erste Frau, mit der ich nach meiner Trennung zusammenzog, konnte damit gar nicht umgehen, dass ich mich darum bemühe, mit meiner Ex ein gutes Verhältnis zu pflegen. Ich musste ihr irgendwann drohen, sie vor die Tür zu setzen, wenn sie es noch einmal wagen würde, in Hörweite meiner Kinder deren Mutter als Schlampe zu bezeichnen. Meine jetzige Freundin regt sich zwar manchmal über meine Ex auf, aber mittlerweile versteht sie immer besser, wie wichtig es mir ist, mit der Mutter meiner Kinder eine gute Beziehung zu haben. Selbst ein PAS-Kind, weiß ich einfach, wie schnell sich Feindbilder auf die Kinder übertragen können, gerade dann, wenn man nicht den gesamten Alltag mit ihnen teilen kann.

*Könnte es sein, dass die betroffenen Männer ihre Beziehung zum Kind erst dann wirklich spüren, wenn sie darum kämpfen müssen? Wie haben Sie das erlebt?*

R. B.: Ich bin da vermutlich eine Ausnahme. Ich habe bereits meine um zehn Jahre jüngere Halbschwester großgezogen und lange Zeit für sie eine gewisse Vaterrolle übernommen, konnte also »üben«. Und später wollte ich zwar eine Familie, aber nicht als Karrieremotivation. So habe ich am Anfang unserer Elternzeit kaum mehr als halbtags auswärts gearbeitet. Mit zusätzlich ein wenig Heimarbeit hat es gereicht, um damit meine Familie zu ernähren.

Ich habe mal eine Studie gelesen, dass Männer vor der Geburt ihres Kindes viele gute Vorsätze haben, wie sie sich in die Elternschaft einbringen wollen – und es nachher doch nicht tun. Häufig, weil die Frauen es nicht zulassen. Maternal Gatekeeping eben. Da werden diese Männer andauernd für ihren Umgang mit dem Kleinkind kritisiert und beginnen schnell, trotz aller guten Intentionen, in ein altes Rollenklischee abzudriften: Frau im Haus, bei den Kindern, er abwesend, im Arbeitsbereich. Insofern scheint mir die Aussage, dass Männer erst nach der Trennung den emotionalen Wert von Kindern spüren, nur halb richtig. Denn wenn sie vorher schon nur in der Rolle des Ernährers stecken blieben, finanzieren sie nach der Trennung erst recht das neue Familienleben ihrer Exfrauen. Ich kann da schon nachvollziehen, wenn sich einer frustriert fragt: »Wofür mache ich eigentlich den ganzen Kram?« Um eine gute und nahe Beziehung mit den Kindern aufzubauen, braucht es eben mehr, als nur ein Wochenend-Papi zu sein.

*Wenn das Kindeswohl ganz offensichtlich im elterlichen Konflikt zermalmt wird: Warum lassen Männer dann nicht los, ganz im Sinne einer Eindeutigkeit? Also das Kind besser bei der Mutter lassen, als eine Zerrissenheit zwischen Mutter und Vater zu riskieren? Salomonisch ...*

R. B.: Ich meine, dass in einer Konflikttrennung das Kind sich nicht erst durch den Streit ums Sorgerecht zerrissen fühlt, sondern dies bereits durch die Tatsache der Trennung der Eltern geschah. Durch die Konflikttrennung der Eltern ist es ihm nicht mehr möglich, beiden Eltern dieselbe problemlose Liebe entgegenzubringen, ohne in einen Loyalitätskonflikt zu geraten. »Loslassen« und das Kind dem bindungsintoleranten Elternteil zu überlassen würde für mich bedeuten, diese Zerrissenheit erst recht zu zementieren. Das Kind würde mit dem Gefühl zurückgelassen, es sei es offenbar nicht wert, dass um seine Liebe gekämpft wird.

Ich selbst hatte lange das Problem, dass meine Tochter glaubte, ich würde sie nicht so sehr lieben wie ihren Bruder, was sie damit begründete, dass ich direkt nach der Trennung vehement dafür gekämpft habe, dass mein Sohn bei mir wohnen konnte, sie aber bei der Mutter ließ. Es bedurfte einiger Gespräche in späterem Alter, um ihr endlich klarzumachen, dass es dafür rechtliche Gründe gab, die nichts mit meiner Liebe für sie zu tun hatten. Zudem war sie als damaliges Kleinkind ein ausgeprägtes Mutterkind, während mein Sohn bereits zwei Monate nach der Trennung uns klar zu

verstehen gab, dass es ihm »im Frauenhaushalt« nicht gefalle und er unbedingt zu mir kommen wolle.
Ich habe um die Liebe meiner Kinder gekämpft und nie auf die Einflüsterungen gewisser Lebensberater gehört, die Salomons Gleichnis als Legitimation angeben für eine väterliche Kapitulation vor einer von Rachegelüsten getriebenen Exfrau. Wenn Vergleiche häufig genug hinken, müsste dieses Gleichnis Rollstuhl fahren, da meilenweit von jeglicher kindlichen Realität entfernt.

Und eines ist wohl ganz sicher, ein am Kindeswohl orientierter Elternteil würde sicherlich einen solchen Konflikt gar nicht notwendig machen. Zumindest sind alle Studien, die ich kenne, sehr eindeutig: Der einzige Weg, zuverlässig dafür zu sorgen, dass die elterliche Trennung nicht zum Trauma wird, ist, wenn sich die Eltern wie erwachsene Menschen verhalten, ihre Verletzungen lieber mit einem erwachsenen Therapeuten bearbeiten und dem Kind einen unverkrampften Umgang mit beiden Elternteilen ermöglichen.

*Wenn emotionale Gesichtspunkte völlig außer Acht gelassen würden: Gäbe es Ihrer Erfahrung nach bei einem sich abzeichnenden Trennungskrieg einen generellen Weg, der für den Mann juristisch, organisatorisch und finanziell am wenigsten aufwendig wäre? Hätten Sie da einen Rat für andere Männer?*

R.B.: Um es gleich vorwegzunehmen: Ich habe meine Ex nur ein einziges Mal vor Gericht gesehen, und das war der mündliche Anhörungstermin für unsere Scheidung. Alles andere habe ich gütlich, also ohne Gericht, geregelt. Ich scheine da wohl einen Weg gefunden zu haben, allerdings weiß ich nicht, ob der kostengünstiger war als der Klageweg, denn eine gewisse Großzügigkeit war damit halt immer verbunden.
Wenn ich einem Mann aber Tipps für die Trennungsphase geben sollte, wären es folgende:

- Mach dir klar, was deine Verantwortung am Scheitern der Beziehung ist. Egal, was für ein vorbildlicher Partner du deiner Meinung nach warst.
- Wenn du Verantwortung für dein Kind übernehmen willst, solltest du damit anfangen, Verantwortung für dich selber und für die Situation, in der du steckst, zu übernehmen. Das erleichtert es ungemein, einen gelassenen Umgang mit deiner Ex zu entwickeln. Einseitige Schuldzuweisungen sind zu vermeiden, denn sie sind nur ein Klotz an deinem Bein.
- Bist du bereit, für eine Teilhabe am Alltag deiner Kinder deine Arbeit einzuschränken oder nötigenfalls umzuziehen? Denn ein Doppelresidenzmodell lässt sich nur sinnvoll umsetzen, wenn das Kind in beiden Haushalten in der Lage ist, sein gewohntes soziales Umfeld aufrechtzuhalten, und du zumindest an 50 Prozent der Tage einverstanden bist, keine Überstunden zu schieben.

- Leg nicht zu viel Wert aufs Geld, und sei nicht allzu pedantisch mit Terminen. Je großzügiger du bist, desto klarer wird es für deine Ex, dass es auch für sie von Vorteil ist, wenn sie kooperativ bleibt.
- Überleg dir im Vorhinein, welche Wege du zu gehen bereit bist, und ziehe diese dann auch durch, sollte es nötig sein. In diesem Punkt ist es mit einer Ex wie mit einem Kind: Beide bekommen schnell mit, wenn es sich bloß um konsequenzlose Drohungen handelt. Also lass dich im Zweifelsfall beraten, welche rechtlichen Möglichkeiten du hast, und überlege genau, welche davon du bereit bist, im Interesse des Kindes bis zum bitteren Ende durchzufechten. Als Säbelrassler kommst du im Fall von Bindungsintoleranz irgendwann nicht mehr weiter.

*Gibt es bei Männern so etwas wie diverse Phasen im Krieg um die Kinder? Etwa wie: Schuldgefühle – Unverständnis – Widerstand – Angriff – Fassungslosigkeit – Resignation – Trauer – Heimlichkeit – Verdrängung? Wie war es bei Ihnen?*

R.B.: Habe ich zum großen Teil vermeiden können, weil ich mich ständig um das Wohl meiner Kinder bemüht und den Austausch mit meiner Ex gesucht habe, auch wenn es zeitweise sehr, sehr schwierig war. Sie würde wahrscheinlich dasselbe auch über mich sagen ... Aber alle Kämpfe, Frusterscheinungen und emotionsgeladenen Auseinandersetzungen haben sich gelohnt, unseren gemeinsamen Kindern geht es gut.

*Wie lernfähig sind alleine schon mal die Männer? Wiederholen sich negative Beziehungs- und Konfliktmuster in deren Nachfolgebeziehungen? Welches ist Ihre Einschätzung beziehungsweise Erfahrung?*

R.B.: Meine eigene Lernfähigkeit habe ich schon erwähnt. Meine jetzige Freundin ist so ziemlich das Gegenteil von meinen früheren Beziehungen: Sie ist geradeaus, Akademikerin, verdient ihr eigenes Geld, hat Eltern, die noch zusammenleben und wo der Frau auch anzusehen ist, dass sie ihren Mann trotz einer nicht einfachen Geschichte liebt und respektiert. Natürlich kenne ich genügend andere Männer – aber sehr wohl auch Frauen! –, die einem immer wieder erzählen, wie dämlich ihre ganzen Expartner doch waren. Bei denen kann ich mir lebhaft vorstellen, dass sie in der nächsten Beziehung genau dasselbe wieder erleben, und in der übernächsten ... Insofern glaube ich, dass Lernresistenz bei Beziehungsmisserfolgen kein typisch männliches Problem ist.

*Meinen Sie, dass sich professionell Beteiligte (Mitarbeitende von Vormundschaftsbehörden und Jugendämtern wie auch Anwälte, Richter, Psychologen, Sozialarbeiter etc.) eher konfliktschürend denn konstruktiv auswirken können? Verfügen Sie da über persönliche Erfahrungen, beziehungsweise hätten Sie Ratschläge?*

R.B.: Bei meiner ersten Anwältin und der Anwältin meiner Ex kann ich das definitiv bejahen. Die Anwältin meiner Ex hat aus jedem Kleinkram eine Riesenwelle gemacht. Irgendwann hielt ich es für angebracht, ihr in einem Brief zu erklären, dass ich ihren Einsatz für entrechtete Frauen ja sehr zu schätzen wisse, sie damit bei mir aber den falschen Baum anpinkle. Zwar erhielt ich keine Antwort, aber zumindest waren ihre Schreiben danach netter. Allerdings war auch meine Anwältin keine Hilfe für ein gedeihliches Miteinander. Rund lief es erst, als ich sie kurz vor dem Scheidungstermin gefeuert habe und dann von der besten Freundin meiner Stiefmutter vertreten wurde. Plötzlich war mein Prozesskostenhilfe-Antrag (von dem meine erste Anwältin immer behauptete, dass ich dafür zu viel Geld verdienen würde) in den 20 Minuten vor Verhandlungseröffnung erledigt, und die Scheidungsfolge-Vereinbarung war eine Woche später unter Dach und Fach.

Ich vermute, dass es bei Anwälten ähnlich ist wie bei Zahnärzten und Autowerkstätten: Man muss schon Glück haben, dass man an einen gerät, der tatsächlich am Wohlergehen seiner Klienten interessiert ist und nicht nur an dem seines eigenen Bankkontos. Ich hätte sehr wohl einen Rat beziehungsweise eine Empfehlung für eine gesetzliche Regelung im Fall einer gezielt kindeswohlorientierten Scheidung:

- Bei auftretenden Sorgerechtsstreitigkeiten (bei Ehepartnern in Scheidung ebenso wie bei Unverheirateten) werden die Parteien gezwungen, mit einem familientherapeutisch ausgebildeten Sozialarbeiter, gegebenenfalls auch unterstützt von einem Familienanwalt mit Mediatorenausbildung, gemeinsam eine Lösung zu erarbeiten. Während fünf Sitzungen müsste an einer am Kindeswohl orientierten Lösung gefeilt werden. Sollten die Parteien eine Einigung erzielen, würde diese, so sie keine negativen Auswirkungen auf das Kindeswohl hat, vom Gericht umgesetzt. Die Eltern hätten bei nachweislichen Verstößen jederzeit die Möglichkeit, beim Gericht anzurufen, um erneut auf diese Mediation zuzugreifen.

- Sollte eine Einigung durch Verweigerung oder mangelnde Kompromissbereitschaft eines Elternteils nicht möglich sein, wird die Empfehlung zugunsten des kooperationsbereiten Elternteils ausgesprochen. Blockadepolitik würde dadurch nicht mehr belohnt.

*Wie schätzen Sie die Rechtsentwicklung rund um das Scheidungs- und Sorgerecht ein? Gibt es Ihrer Meinung nach klar definierbare Bestimmungen, welche zu besonders unschönen Situationen bezüglich des Kindeswohls führen? Und wenn ja, welche?*

R. B.: Da bewegt sich ja so einiges. Man hat langsam eingesehen, dass inzwischen auch Väter bereit sind, für ihre Kinder bis zum EuGH zu klagen. Allerdings sind wir im Familienrecht noch weit davon entfernt, die im Grundgesetz verankerten Gleichberechtigungsparagrafen auch wirklich umzusetzen. Meines Erachtens findet sich hier eine deutliche Diskriminierung:

- Während meine Tochter einmal alle Rechte haben wird, ihre Familienplanung frei nach ihren Wünschen mit einem Partner ihrer Wahl zu gestalten, ohne sich in ihrem Sexualleben groß einschränken und Angst vor Verhütungsunfällen haben zu müssen, ist mein Sohn meilenweit von diesem Recht entfernt.
- Während für meine Tochter eine ungewollte Schwangerschaft keine Pflicht zur Verantwortungsübernahme bedeutet, hat mein Sohn in so einem Fall nur die Hoffnung, dass die werdende Mutter ihn aus der Pflicht entlässt, indem sie a) die Schwangerschaft abbricht oder b) seinen Namen verschweigt und damit auf den gesetzlich zustehenden Unterhalt verzichtet, um ihm so die freie Entscheidung zu überlassen, mit welcher Frau er die Verantwortung der Familiengründung übernehmen möchte. Unschön? Eindeutig ja.

## Ein Mann häutet sich …

»Ich warte ja nur darauf, dass endlich mal eine Werbung erscheint, in welcher gezeigt wird, wie der Marlboro-Mann während der Aufnahmen wiederholt vom Gaul fällt, jeweils laut ›Aua!‹ brüllt und ihm die Tränen nur so runterkullern, während er stöhnend in der Pampa herumhinkt und den lukrativen Arbeitsvertrag umgehend auflösen will. Vielleicht könnte das im Mainstream dazu beitragen, dass wir Männer als empfindlicher, als verletzlicher und damit bedürftiger gelten würden … und damit auch mehr Ernsthaftigkeit und Nachsicht erfahren dürften«, spöttelte Kuno, allerdings nur halb im Scherz. Er ist ein 37-jähriger Trennungsvater, der alles daransetzt, seine Kinder möglichst bald wiedersehen zu können.

Seine Exfau hatte vor Gericht ausgesagt, dass er während der Ehe höchst nachlässig mit ihr und den Kindern umgegangen war und ein ausgesprochen gefühlskarger, wenig zuverlässiger Mann und Vater sei. Sein Laptop und sein Smartphone seien ihm die nächsten Verwandten gewesen, die diversen Baustellen bei der Arbeit sein eigentliches Zuhause. Die Kinder hätten ihn nur wenig gesehen, die Wochenenden habe er eh in seinem Arbeitszimmer verbracht und wollte dort auch nicht gestört werden. Die Kinder hätten immer Angst gehabt vor seiner Reizbarkeit und würden ihn überhaupt nicht vermissen. Das Familiengericht hatte ihr recht gegeben und ihr das alleinige Sorgerecht zugesprochen.

Tatsächlich hatte Kuno ein Riesenproblem, seine Gefühle zu zeigen und Nähe zuzulassen. Er war schnell zur Hand mit knappen, ironischen Bemerkungen und wirkte von seinem ganzen Auftreten her arrogant, abweisend und herausfordernd. Anfänglich wies nur die Tatsache, dass er mich als Beziehungstherapeutin um Hilfe ersuchte, darauf hin, dass bei ihm überhaupt ein gewisser Leidensdruck vorhanden war, verbunden mit dem Wunsch, seine Lebenssituation zu verbessern.

Gemäß seiner Biografie hatte er in seiner Herkunftsfamilie weder die Sprache noch die Gesten der Zuneigung erlebt und somit auch nie gelernt, sich einem anderen Menschen wirklich zu öffnen und Vertrauen zu schenken. Wichtig in dem von seinen Eltern vermittelten Rollenverständnis waren Kontrolle, Leistung und ein auch finanziell nachweisbarer Erfolg – Frau und Kinder bildeten da nur eine nun mal nötige, da von einem Arbeitgeber erwünschte Begleiterscheinung auf der steilen Karriereleiter. Umso netter, wenn auch noch Gefühle im Spiel waren, aber dann bitte keine störenden.

»Topmanager haben nun mal kaum Freizeit« – alleine dieser Ausspruch ist bereits ein deutliches Zeichen männlichen Erfolgs und wird jeweils mit einem gewissen Stolz vorgebracht. Selbst Golfspielen dient dem Netzwerken und darf somit nicht einfach als bloßer Freiraum bezeichnet werden …

Sexualität war Kunos einzige Möglichkeit, eine Form der Zuneigung ausdrücken zu können. Offenbar war es im Bett eine Zeit lang schlichtweg »super« gewesen. Sein Pech war dann, dass dies seiner Frau nach wenigen Jahren nicht mehr genügte und sie schließlich, nach zahllosen, von ihr wohl eher einseitig geführten Auseinandersetzungen, die Scheidung verlangte. Er war nicht in der Lage gewesen, sie umzustimmen, auch nicht, sie davon zu überzeugen, dass er ein besserer, ein verfügbarer Vater werden wolle, ihm aber schlichtweg jegliches emotionales Know-how fehle.

»Ich wünschte, es gäbe Beziehungsmanuals, speziell für uns Männer gestaltet, also logisch und nachvollziehbar. Nicht dieses Wischiwaschi-Ratgeberzeugs, das an jedem Kiosk aushängt«, beklagte er sich einmal.

»Und dann?«, hatte ich nachgefragt.

»Dann könnten wir Männer lernen, mit Gefühlen umzugehen, so wie eine Fremdsprache erlernt werden kann, und würden entsprechend ernster genommen und damit auch glücklicher.«

»Um jeweils, je nach Bedarf, suchend im Begriffsregister zu blättern?«

»Es geht nicht darum, nicht wahr? Es geht nicht um den Kopf?«

»Nein. Aber alleine diese Erkenntnis ist schon mal ein großer Schritt in die richtige Richtung.«

Kuno wollte an sich arbeiten, mit dem Ziel, seine Exfrau zu überzeugen, schließlich sei sie der Dreh- und Angelpunkt. »Ich will mich als Mann irgendwie anders definieren können. Vielleicht sogar neu erfinden, mich wie eine Schlange aus einer alten Haut schälen. Ich habe ja kein Vorbild, alles steht mir offen. Das macht es sogar noch spannend.«

Seine Ex wolle ihm eigentlich nichts Böses, sie zocke ihn auch nicht ab, sie wolle ihn einfach nicht mehr in ihrer Nähe – und den Kindern, so schreibe sie, ginge es ohne ihn besser, sie seien weniger verunsichert. Ich vermute, es war genau diese Aussage, die ihn dazu bewog, den Kampf aufzunehmen. In erster Linie mit sich selbst.

»Die Kinder haben ein Recht auf mich als ihren Vater. Das weiß ich, und ich habe sehr wohl Gefühle für sie. Ich kann die nur nicht umsetzen, sie zeigen. Vielleicht aus Angst vor Versagen oder Zurückweisung, was weiß ich. Das herauszufinden ist ja jetzt Ihr Job, ich werde einfach kooperieren, wo ich nur kann. Ich liebe meine Kinder und will sie nicht verlieren. Besser sollte ich wohl sagen: Ich will sie gewinnen. Da führt der Weg vorläufig über meine Ex, das ist ja auch richtig so, sie ist eine gute Mutter. Ich will einfach nicht, dass meine Söhne einmal dieselben Probleme haben wie ich, dass sie zu Opfern einer emotionalen Beschränktheit werden.

Das ist meine Verantwortlichkeit ihnen gegenüber. Ich selbst kenne meinen Vater noch heute nicht wirklich, bloss seine Ansprüche. Und schauen Sie, was aus mir geworden ist: ein früh geschiedener Mann, zwar mit Geld, aber innerlich vereinsamt. Ich gebe auf gar keinen Fall auf. Meine Kinder sollen einmal stolz auf mich sein dürfen«, war seine ernsthafte Absichtserklärung am Anfang der Therapie gewesen.

Kuno packte seine Therapie mit einer Gewissenhaftigkeit und Gründlichkeit an, als wäre diese eines seiner Bauprojekte, auch erstattete er seiner Ex minutiös Bericht über seine »emotionalen Fortschrittchen«. Sein Arbeitspensum als angestellter Bauingenieur reduzierte er auf 80 Prozent und war überrascht, als dieser Forderung problemlos entsprochen wurde. Zurzeit redet er mit seiner Ex versuchsweise über die Gestaltung einer Umgangsregelung, und zwar ohne jede Unterstützung von irgendwelchen Behörden.

Er will seinen Kindern die Möglichkeit geben, ihm als ihrem Vater neu und damit tatsächlich begegnen zu können. Mit dem Begriff »Kindeswohl« und dessen vielschichtigem Inhalt setzt er sich akribisch auseinander.

# Was überhaupt ist Kindeswohl?

# Manchmal ein Pingpong-Begriff …

Wie geläufig doch alle vom »Kindeswohl« sprechen! Was da nicht alles formuliert, umgesetzt und geregelt wird um des Kindes willen. Gemäß den Erfahrungen in meiner Praxistätigkeit kann dieser Begriff aber rasend schnell zur reinen Worthülse verkommen, vor allem dann, wenn ein Elternteil das Kind als Waffe im Trennungskrieg einsetzt.

Häufig genug ist es die Mutter, die vom Gesetzgeber nach wie vor favorisiert wird, da sie nun mal unbestritten die primäre Bindungsperson ist, ob als Persönlichkeit adäquat oder nicht. Mehr als einmal wurde mir von zornigen Trennungsvätern in aller Ausführlichkeit geschildert, wie das angestrebte »Kindeswohl« in der behördlichen Wahrnehmung schlichtweg mutterzentriert bleibt – selbst dann, wenn sämtliche Fakten dagegen sprechen, dass das Kind bei der Mutter gut aufgehoben und diese tatsächlich erziehungsfähig ist. Mir liegen da etliche amtliche Gutachten vor, bei denen ich mir nur die Augen reiben konnte. Wahrscheinlich dienten diese eher der Arbeitsbeschaffung statt der Wahrung des jeweiligen Kindeswohls.

In all den vielen Gesprächen, die ich mit Trennungsvätern führte, war mir sehr wohl bewusst, dass deren Schilderungen einseitig sind beziehungsweise nicht als ausgewogen gelten können. Was jedoch *keinerlei* Ausgewogenheit im Nacherzählen noch in der Beurteilung bedarf, ist das Resultat: leidende Kinder wegen einer Hetz- und Hasskampagne gegen den eigenen Vater.

Ich denke da an einen Trennungsvater, der sich nicht getraut hatte, auf die Bitte seines kleinen Sohnes einzugehen, ihm die allzu langen Haare etwas zu schneiden. Wie soll er seinem Kind erklären, dass, weil er nicht sorgeberechtigt ist, ihm seitens der Kindsmutter eine Klage wegen Körperverletzung drohen könnte?

Mein Fazit ist, dass Berichte und Gutachten bezüglich des Kindeswohls gründlicher und tatsächlich objektiv geprüft werden müssten. Und dass ganz grundsätzlich nicht nach alter Richter Sitte – das Kind gehört in erster Linie zur Mutter – vorschnell geurteilt und der Vater benachteiligt werden sollte. Auch scheint mir, dass mangels professioneller Ressourcen und Kompetenzen häufig nicht schlüssig wird, welche Maßnahmen und Initiativen ergriffen werden sollten, damit in nützlicher Frist konstruktive Lösungsprozesse in Gang gesetzt werden können. Das Wohl des Kindes befindet sich derweil in einem Vakuum.

Dazu sagt Jürgen Vogel, Jurist und Trennungsvater aus Aschaffenburg und nicht ganz nebenbei auch Moderator eines großen Männerforums:

»Sowieso stehe ich dem Begriff ›Kindeswohl‹ kritisch gegenüber. Obwohl dahinter eine grundsätzlich zu begrüßende Intention steht, gibt es wohl kaum einen Begriff im Familienrecht, der für so viel Unruhe und Frustration sorgt wie dieser. Vater und Mutter behaupten beide immer, dass sie zum Wohl der Kinder handeln. Wer aber bestimmt, wer von beiden das wirklich tut?

In Beschlüssen und Urteilen zum Sorge- und Umgangsrecht ist regelmäßig in der Begründung der abschließende Halbsatz zu lesen: ›… weil das dem Kindeswohl am besten dient.‹

Meiner Ansicht nach richten sich die meisten Entscheidungen in diesem Bereich aber eher nach Praktikabilität oder nach zu erwartendem Widerstand. Soll heißen, es wird so entschieden, dass die Wahrscheinlichkeit einer Beschwerde gegen diese Entscheidung möglichst klein ist.«

So müsste – gerade bei strittigen Sorgerechtsfällen – das gewichtige Entscheidungskriterium, dass schließlich die Mutter die primäre Bindungsperson ist, mit aller Akribie hinterfragt werden. Es geht nicht nur um die physische, sondern auch um eine gesunde psychische Entwicklung des Kindes. Diese sollte in einem emotional möglichst gesicherten und stabilen Umfeld erfolgen können, das keinesfalls bei jeder Frau, die ein Kind geboren hat, gewährleistet ist. Insofern dürfte die anthropologisch bedingte Tatsache der primären Bindung nur wenig einer Entscheidungsfindung bezüglich der Obhut dienen.

Nicht zu vergessen ist dabei, dass selbst bei einer hochgradig inkongruenten Persönlichkeit der Mutter die Bindung eines noch kleinen, wenig differenzierenden Kindes trotzdem vorhanden ist. Gerne mache ich hier den absichtlich stoßenden (und somit hoffentlich Aufmerksamkeit erregenden!) Vergleich mit einem Hund, der von seinem Halter getreten und geschlagen wird, ihm aber trotzdem treu ergeben bleibt. Er kennt es nicht anders. Und so erleidet der Hund – wie auch ein Kind – schwere Schäden, gerade wegen seiner kritikfreien Bindung. Anders formuliert: **Die Bindungsintensität eines Kindes ist kein Indiz für deren Qualität.**

Für mein Verständnis als Kinderpsychologin wird bei zahlreichen Sorgerechtsstreitigkeiten das »Kindeswohl« zu einem reinen Pingpong-Begriff, in welchem das betroffene Kind das Bällchen ist, das nach Belieben in die eine oder andere Ecke gepfeffert werden kann. Sein Pech, sollte es dabei zerbeult werden …

Dabei höre ich immer wieder die Frage, was eigentlich dieses Kindeswohl ist beziehungsweise was es beinhaltet. Zuerst einmal: Rechtlich gesehen ist »Kindeswohl« zwar ein unbestimmter Begriff, entspricht aber allgemein verbindlichen Standards gemäß einem weltweiten Übereinkommen zu den Rechten eines Kindes.

Diese sind festgehalten in der 20-seitigen UN-Kinderrechtskonvention, die am 2. September 1990 in Kraft getreten ist.[4] Hier wurden allgemeingültige Grundsätze festgehalten, die dem Schutz, der Entwicklung und dem Wohlbefinden eines Kindes dienen sollen.

Daraus leitete die UNICEF, die Kinderrechtsorganisation der UNO, eine übersichtliche Zusammenfassung mit zehn Grundrechten ab, von denen ich drei erwähnen möchte, weil sie mir für die Thematik dieses Buches am aussagekräftigsten scheinen:

- Das Recht auf sofortige Hilfe in Katastrophen und Notlagen und auf Schutz vor Grausamkeit, Vernachlässigung, Ausnutzung und Verfolgung.
- Das Recht auf eine Familie, elterliche Fürsorge und ein sicheres Zuhause.
- Das Recht, sich zu informieren, sich mitzuteilen, gehört zu werden und sich zu versammeln.

Diese drei Punkte habe ich in ausführlicher Form in eine »Fürsorge-Charta für ein Trennungskind« umgewandelt, deren »Zehn Gebote« ihre Gültigkeit in der Familie eines Kindes finden sollten. Gerade für den Fall einer Trennung oder Scheidung der Eltern.

Meine Absicht war, möglichst jede Pingpong-Begrifflichkeit und -Aktion auszuschließen, indem beide Elternteile auch in schriftlicher Form an das erinnert werden, was bei ihrer Trennung im Mittelpunkt zu stehen hat: das gemeinsames Kind.

Es ist längst erwiesen, dass Paarkonflikte selten via Anwälte oder im Gerichtssaal wirklich gelöst werden, sondern eher noch aufgeheizt. Somit besteht die Gefahr, dass bei dem gegenseitigen Waschen schmutziger Wäsche das eigentliche Ziel, das Kindeswohl, allmählich ins Abseits driftet. Ohne Weiteres können so Monate und Jahre verstreichen, Schriftsätze zu Bergen anwachsen, die Polemik sich verschärfen, der Trennungskrieg in aller Brutalität weiter toben – und die Kinderseele einen nicht wiedergutzumachenden Schaden erleiden.

Keinem Paar kann ein Beziehungsduell verboten werden. Das gemeinsame Kind aber hat etwas anderes verdient, als zum zerbeulten Pingpong-Bällchen, zu einem Opfer seiner zerstrittenen Eltern zu werden. Hier sollte die Charta greifen, die ganz klar und in aller Deutlichkeit die emotionalen Bedürfnisse und den schutzbedürftigen Selbstwert des Kindes in den Mittelpunkt stellt.

# Fürsorge-Charta für ein Trennungskind

**»Zehn Gebote«**

- **Ich**, das Kind, darf weder von **meiner** Mutter noch von **meinem** Vater in irgendeiner Form vernachlässigt werden. **Ich** bleibe Teil ihrer beiden Leben, was auch immer kommen mag. Denn **ich** habe das verbriefte Recht auf beide Elternteile – das weiß **meine** Mutter, das weiß **mein** Vater.
- **Ich** muss auch keine Schuldgefühle entwickeln. **Ich** weiß ja, dass die Trennung **meiner** Eltern nichts mit **mir** zu tun hat. Beide haben es **mir** wiederholt und in aller Liebe begreiflich gemacht.
- Beide meine Eltern schützen **mich** vor seelischen Qualen, indem sie **mich** weder zum Gegenstand ihrer Streitigkeiten machen noch **mich** in irgendeiner Form instrumentalisieren.
- **Meine** kleine Person, **meine** kindliche Anhänglichkeit und **mein** grenzenloses Vertrauen werden respektiert und weder von **meiner** Mutter noch von **meinem** Vater ausgenützt oder missbraucht.
- **Meine** Loyalität wird weder von dem einen noch von dem anderen Elternteil eingefordert. Es darf **mir** kein Entscheidungskonflikt entstehen, weder seitens **meiner** Mutter noch **meines** Vaters.

- **Meine** Mutter wie **mein** Vater reden offen mit **mir** über ihre Absichten und Handlungen, stets im Bewusstsein, dass sie dies **meinem** Alter entsprechend tun sollten, das heißt, **mich** damit nicht überfordern dürfen.
- **Ich** kann mich jederzeit mitteilen, **meine** Gedanken und **meine** Gefühle äußern, Fragen stellen, ohne danach Sanktionen und/oder Liebesentzug befürchten zu müssen. **Ich** werde gehört.
- Weder **meine** Mutter noch **mein** Vater reden in **meiner** Gegenwart schlecht über den abwesenden Elternteil, weil es **mir** wehtut, **mich** verunsichert und **ich** sowieso nicht weiß, wie **ich** darauf reagieren soll.
- **Meine** Mutter und **mein** Vater nehmen Rücksicht auf **meine** Sorgen und **meine** vielleicht ablehnende Haltung, wenn sie sich einem anderen Partner beziehungsweise einer anderen Partnerin zuwenden. **Ich** brauche viel Zeit, um **mich** auf eine neue Struktur, auf eine neue Bindung in **meinem** nächsten Umfeld einzustellen.
- **Ich** muss mich sicher fühlen können, nur so kann **ich** mich zu einem emotional stabilen jungen Menschen entwickeln. Diese Sicherheit habe **ich** aber nur, wenn **meine** Mutter wie auch **mein** Vater wieder zufrieden sind und gut miteinander auskommen. Ihr Wohl ist nun mal eng mit **meinem** verbunden, und das soll auch so sein. Es sind **meine** Eltern, und **ich** bin und bleibe ihr Kind.

# Wenn die Ex am Durchdrehen ist …

# Männer am Anschlag – Brunos Geschichte

»Dann drücken Sie diese Charta doch mal meiner Ex in die Klauen! Vor allem das erste Gebot. Das Weib spinnt nämlich, die läuft Amok! Kunststück, mit all den Pillen, die sie täglich einwirft. Niemand bremst sie ab, niemand!«, wütete Bruno. Er ist geschieden, gerade 41 Jahre alt geworden, und hat zwei Kinder im Vorpubertätsalter, die er seit einiger Zeit nicht mehr sehen kann.

»Mir ist klar, dass die erst Ruhe gibt, wenn ich total am Boden bin. Dabei habe ich diese Frau geliebt, wirklich geliebt. Ja, okay, ich habe sie in den elf Ehejahren etwa ein Dutzend Mal betrogen. Es war nie etwas Ernstes gewesen. Mein großer Fehler war, als ich Idiot ihr das weinselig auf einer romantisch gedachten Urlaubsreise gestand. Wumm! Sie verließ türenschlagend und nur mit ihrer Handtasche unsere Hotelsuite und flog umgehend nach Hause. Von da an lief alles nur noch über ihre Anwältin, die in meinen Augen eine blindwütige Feministin der übelsten Sorte ist. Damit begann für mich ein Horrortrip.

Nach einem schauderhaften Scheidungsspektakel, während dem meine Frau vor nichts, aber auch wirklich nichts Halt machte, um mich in jeglicher Hinsicht zu zerfleischen, obwohl ich mich eigentlich mit allem einverstanden erklärte, fiel sie in eine schwere Depression und verschwand für etliche Wochen in einer teuren Klinik. Die Kinder waren in der Zeit in der Obhut ihrer Eltern, weil meine Ex zusammen mit ihrer Anwältin entschieden hatte, dass ich als Mann mit lascher Moral und angeblich erhöhtem Alkoholkonsum diesem sogenannten Kindeswohl eher abträglich sei.

Ich wehrte mich nur selten, bremste den eigenen Anwalt ab, einfach immer noch in der Hoffnung, die Sache werde sich irgendwann mal beruhigen. Ich dachte allen Ernstes, wenn ich nur genügend den Kopf einziehe, großzügig bin und mein damaliges triebgesteuertes Verschulden demütig eingestehe, würden die Wunden vernarben, der Waffenstillstand eingeläutet und wir so was wie Freunde werden. Schließlich haben wir zwei Kinder und einige schöne Jahre miteinander verbracht. Aber mein Anwalt behielt recht mit seinen düsteren Prophezeiungen: Es kam anders.

Meine Ex braucht nach wie vor ärztliche Betreuung, steht unter Medikation und ist deswegen mehr oder weniger arbeitsunfähig. Laut den Schreiben ihrer Anwältin bin ich die Quelle sämtlicher psychischen und physischen Probleme für sie und die Kinder. Letztere seien ständig um die Mutter besorgt, hätten wegen mir und meinem rücksichtslosen Verhalten inzwischen soziale und schulische Auffälligkeiten entwickelt und verweigerten sowieso jeglichen Kontakt.

Ich selbst konnte und kann mich immer noch nicht dazu überwinden, mein Besuchsrecht über die Vormundschaftsbehörde und mittels einer Beistandschaft durchzusetzen. Ich will sie nicht diesem Druck, diesem Hin-und-her-Gezerre aussetzen, wie ich es von anderen Männern in ähnlichen Situationen gehört habe.

Einige ließen ihre Kinder polizeilich abholen, weil die Ex das Besuchsrecht torpedierte! So was will ich nicht, unter keinen Umständen. Dabei bin ich fest überzeugt, dass meine Kinder mich lieben, sie das aber zurzeit nicht zeigen dürfen, weil meine Ex derart auf Krawall gebürstet ist. So sind sämtliche uns verordnete Mediationsversuche gescheitert, da die meisten Termine von ihr kurzfristig verschoben oder die Vorschläge dann in der inhaltlichen Umsetzung völlig missachtet wurden.

Mein aktuelles Leben sieht wie folgt aus: Ich zahle Unterhalt (und mehr) an meine Ex, Alimente für beide Kinder plus deren Sport- und Musikstunden, von den zahlreichen Therapien ganz zu schweigen. Als eigentlich gut verdienender Unternehmer werde ich finanziell allmählich ausgeblutet, emotional bin ich es schon längst. Meine Kinder fehlen mir unglaublich.

Die ehemals gemeinsamen Freundespaare haben sich zum großen Teil auf die Seite meiner Frau geschlagen und reiben mir meine Fehler beziehungsweise mein wiederholtes Fremdgehen unter die Nase. Wahrscheinlich sind alle sauer, dass auch ich doch nur ein Mann wie so viele andere war und damit einige ihrer Illusionen über meine angeblich so harmonische Ehe zerstört habe. Eine neue Beziehung habe ich nicht, dazu fehlt mir schlichtweg die Energie. Ich meide inzwischen jene Kollegen, die mir zu verstehen geben, dass sie meine Situation sehr wohl aus eigener Erfahrung kennen, und mir irgendwelche Adressen besonders gewiefter Anwälte zustecken wollen.

›Keine Sorge‹, hatte der eine gefeixt. ›Die wird sich erst zufriedengeben, wenn du krank und völlig verarmt bist. Aber vorher müssen deine Kinder dich hassen. Die will dich an die Wand genagelt sehen.‹

Trotz allem suche ich immer wieder das Gespräch, den Kontakt mit meiner Ex. Nach wie vor mit eingezogenem Kopf, weil ich nun mal glaube, dass solche Konflikte sich weder mit dem Anwalt noch mit der Axt lösen lassen. Einer muss ja die Kröte schlucken und nachgeben können. Ich wollte wirklich versuchen, mit ihr einen tragfähigen gemeinsamen Nenner zu finden, ohne jeden Streit. Schließlich haben wir auch in der Ehe nie gestritten. Also schickte ich ihr E-Mails, Briefe und Blumen und monologisierte auf ihre Voicemail.

Ebenso hätte ich mit einem schwarzen Loch kommunizieren können. Mein Anwalt schüttelte nur den Kopf und meinte, mit diesem allzu zahmen Verhalten würden wir keinen Schritt weiterkommen, es gebe sehr wohl rechtliche Mittel und Wege, gegen das Sperren meiner Ex vorzugehen und so den Kontakt mit den Kindern zu erzwingen. Aber genau das will ich nicht.

Als Krönung des Ganzen erhielt ich die Verwarnung, meine geschiedene Frau ›nicht weiterhin zu belästigen‹, sei es persönlich, telefonisch oder via Mail. Gemäß dem ärztlichen Gutachten und diverser Zeugenaussagen habe sie wegen meiner ›wiederholten Belästigungen‹ Schlafstörungen und Panikattacken, lautete es im Begleitschreiben ihrer Anwältin. Als Folge darf ich mich ›der Wohnung des Opfers nicht mehr nähern oder mit ihm in irgendeiner Form in Kontakt treten‹.

Im Fall einer Zuwiderhandlung gegen diese zivilrechtliche Schutzanordnung kann ich strafrechtlich verfolgt werden und sogar ein hohes Bußgeld bezahlen, wie mir mein Anwalt mit einem gewissen Mitgefühl erläuterte. Aber im Gegensatz zu Deutschland und Österreich sei Stalking in der Schweiz (noch) kein Straftatbestand …

Was geschieht da eigentlich mit mir? Und was müssen meine Kinder von mir denken? Ich kann mich ihnen ja nicht erklären. Wie überhaupt soll es nach all dem auch nur einigermaßen zivilisiert weitergehen können?

Was zum Teufel habe ich meiner Ex denn angetan, um einen derartigen Tsunami auszulösen, bei dem wir alle nur zu Schaden kommen, was?!«

In der Folge hatte Bruno ein (vom Hausarzt diagnostiziertes) heftiges Burn-out erlitten und kam hauptsächlich deswegen in Therapie.

Hier möchte ich gleich anmerken, dass kein einziger

Mann, der während einer schlimmen Beziehung beziehungsweise am Ende derselben zu mir kam, den Begriff »posttraumatische Belastungsstörungen« überhaupt kannte. Gerade bei Männern in Top-Positionen wird gerne »Burn-out« diagnostiziert, das inzwischen durch eine verbreitete mediale Berichterstattung durchaus salonfähig geworden ist. Allerdings greift diese Diagnose, gerade in einem überwiegend emotional belasteten Umfeld, viel zu kurz. Und birgt damit das Risiko in sich, therapeutisch falsch angegangen zu werden.

Doch zurück zu Bruno: Dessen Therapie verlief anfänglich mehr als schwierig, da er, wenn er sich nicht defensiv verhielt, ausgesprochen aggressiv wurde. Ich hatte ihm sogar empfohlen, zu einem männlichen Therapeuten zu gehen, damit er dort seine geballte Wut auf alles, was Frau heißt, ungeniert loswerden könne. Er aber meinte, ich sei ihm da »tough« genug.

Nach einigen, teilweise recht temperamentvollen Sitzungen (um es mal gelinde auszudrücken) fühlte sich Bruno wieder fähig, seine Lebenssituation einzuordnen und konstruktiv anzupacken, auch weil seine Sicht der Dinge sich inzwischen etwas verschoben hatte und er entsprechend anders vorgehen konnte. Eine gütliche Umgangsregelung wurde in Aussicht gestellt, nachdem seine Ex endlich eine gewisse Gesprächsbereitschaft signalisiert und in die Mediation eingewilligt hatte.

## Auszug aus einem Schlüsselgespräch in Brunos Therapie

*Sie sagten, dass die Beziehung zu Ihrer Frau endgültig zerbrach, als Sie ihr von Ihrer Untreue berichtet haben. Ihre »Beichte« war offensichtlich der alles auslösende Knackpunkt.*

Bruno: Ja. Ich verstehe nur nicht, warum Sie sagen, dass dann die Beziehung »endgültig« zerbrach. Meine Beziehung war völlig in Ordnung. Bis ich den Fehler machte, ehrlich zu sein. Das vertrug meine Frau, also meine Ex, nicht.

*Hätte sie Ihnen für diese Ehrlichkeit irgendwie dankbar sein sollen? Dankbar dafür, dass Sie sie im Lauf einiger Ehejahre verschiedentlich betrogen haben und dann, etwas alkoholisiert, auch noch Ihr Gewissen erleichtern wollten?*

Bruno: Ich finde diese Annahme parteilich und despektierlich. Vielleicht sollten Sie mich eher darauf ansprechen, ob ich mit meinen kleinen Affären nicht etwas ausgebügelt habe, was in meiner Ehe fehlte …

*Nämlich?*

Bruno: Das springt doch ins Auge, oder? Natürlich Sex, was denn sonst?

*Sex?*

Bruno: Ja. Das ist doch der häufigste Schwachpunkt in einer Ehe, nicht? Er will schon, sie aber nicht oder nicht so häufig. Nach einigen Jahren tritt das halt ein. Das ist bei Ihnen garantiert nicht anders.

*Sie meinen, dass in einer Ehe Sex fast zwangsläufig zur Mangelware für den Mann wird?*

Bruno: Genau. Und wenn ihm was an seiner Beziehung liegt, sucht er halt den Ausgleich. Wir Männer haben halt die stärkeren Bedürfnisse.

*Verstehe ich das richtig: Sie meinen, dass Fremdgehen heilsam sein kann für eine Beziehung?*

Bruno: Nein, nicht heilsam, aber ausgleichend. Die Beziehung ist ja okay. Aber das, was dem Mann fehlt, nämlich Sex, wird nicht zum Problem, wenn er ab und zu zu einer anderen Frau geht, die noch ausgiebig Spaß daran hat.

*So wie bei Ihnen?*

Bruno: Jetzt werden Sie spöttisch. Aber ja, ich habe eine gute Beziehung geführt, jahrelang. Meine Frau war zufrieden, ich war zufrieden und unsere Kinder auch. Wir waren glücklich. Was also ist daran auszusetzen, ein wenig Spaß außer Haus zu haben? Die meisten Männer machen das genauso, sind aber nicht so blöd, es ihren Frauen mitzuteilen.

*Dass Ihre Untreue Ihre Frau verletzen könnte, war nie ein Thema für Sie?*

Bruno: Ich war nie wirklich untreu, ich habe meine Frau geliebt, nur sie. Das hätte sie deutlich spüren können.

*Wie definieren Sie denn Untreue?*

Bruno: Wenn ich mich mehr zu einer anderen Frau hingezogen gefühlt, eine Nebenbeziehung aufgezogen hätte, aber aus Gründen der Bequemlichkeit verheiratet geblieben wäre oder einfach nur der Kinder wegen.

*Meinen Sie nicht, Sie hätten auf die Gefühle Ihrer Frau Rücksicht nehmen sollen?*

Bruno: Habe ich ja! Solange sie nichts davon wusste, lief ja auch alles wie am Schnürchen.

*Hm … Weil Sie gelogen haben, ja. Nur deswegen.*

Bruno: Ich habe nicht gelogen, ich habe einfach nichts erzählt.

*Weil Sie wussten, dass sie nicht mit Ihrem Fremdgehen einverstanden wäre?*

Bruno: Natürlich wäre sie nicht einverstanden gewesen! Wären Sie denn damit einverstanden? Das sind Frauen nie. Die glauben immer, dass Sex mit Tiefgang verbunden sein muss. Wir Männer ticken da anders.

*Also haben Sie wissentlich Ihre Beziehung aufs Spiel gesetzt? Und als Resultat das Vertrauen und die Liebe Ihrer Frau verloren?*

Bruno: Jetzt tönen Sie wie die Anwältin meiner Ex! Was wollen Sie denn hören? Ein weiteres Schuldbekenntnis? Ja, ich habe Mist gebaut, und ja, es tut mir leid … Ich rutsche deswegen ja nur noch auf den Knien rum. Hätte ich gewusst, wie sie reagiert, wäre ich nicht fremdgegangen oder hätte ihr zumindest nichts gesagt. Aber immerhin war ich am Schluss ehrlich, das zählt doch auch was, oder? Das habe ich meiner Ex schon tausendmal vorgebetet. Es nützt nichts. Sie ist dermaßen sauer auf mich, dass sie Krankheit auf Krankheit produziert und mir die Beziehung mit den Kindern versaut. Wie viel Strafe muss denn sein, bis es genug ist? Bis meine

Kinder mich wiedersehen dürfen? Alles hängt ja jetzt von meiner Ex ab, alles.

*Wie war denn die Beziehung zu Ihren Kindern, als Sie noch mit deren Mutter zusammenlebten?*

Bruno: Ich weiß, worauf Sie hinauswollen. Es war aber nicht so. Ich hatte zwar nicht sehr viel Zeit für die Familie, aber wenn, dann war ich voll da. Wir unternahmen eine Menge gemeinsam, meine Kinder und ich. Auch wussten sie immer, dass sie jederzeit mit mir rechnen konnten. Ich war immer für sie da. Immer.

*Warum meinen Sie, dass Ihre Kinder Sie jetzt nicht sehen wollen?*

Bruno: Weil meine Ex sie gegen mich aufhetzt, das ist ja wohl glasklar.

*Und warum tut sie das?*

Bruno: Ach, verdammt nochmal! Weil sie mich bestrafen will für mein Fremdgehen! Wie lange noch, ist meine einzige Frage … Dabei bestraft sie mich für meine Offenheit, das ist der große Witz an der Sache.

*Lieben Sie Ihre Exfrau noch?*

Bruno: Nein. Nicht mehr nach all dem, was sie sich erlaubt hat. Das mit dem angeblichen Stalking war wirklich das Allerletzte, dabei suchte ich doch nur das Gespräch mit ihr, ohne dass ihre Anwältin sich dazwischenschalten kann. Meine Ex ist wirklich krank. Das sollten Sie als Therapeutin doch merken. Ich habe Ihnen schließlich alle Unterlagen gezeigt.

*Sie können ihr nicht verzeihen?*

Bruno: Wie bitte?! Sind wir hier im Beichtstuhl oder was?! Sie entfremdet mir die Kinder, sie plündert mich aus, sie redet schlecht über mich, und sie beschuldigt mich eines Vergehens. Sagen Sie mal: Wie kann ein Mann da noch von Verzeihen sprechen, wie?

*Trotzdem bemühen Sie sich...*

Bruno: Und wie! Ich komme mir vor wie der letzte Schleimer, so sehr bemühe ich mich. Ich fresse Kreide, noch und noch. Diese Kuh von Anwältin hat mich nur dumm angesehen, als ich ihr sagte, dass sie einen wesentlichen Beitrag leistet zu all dem Wahnsinn, den meine Ex anzettelt. Ist das tatsächlich der Job der Anwälte, diese Schmutzfinkerei bei einer Trennung? Dann hat meine Frau, also meine Ex, auch noch so eine Therapeutin, die sich weigerte, meine Version anzuhören. Ich fasse es nicht. Ist das nicht der Job der Helferclique, etwas Konstruktives beizutragen? Schon wegen der Kinder?

*Was wäre denn Ihre Version gewesen?*

Bruno: Dass es mir leidtut, verdammt noch mal! Dass ich nicht einsehe, warum eine ganze Familie kaputt gehen muss, weil gehässige Neo-Emanzen meine Frau negativ beeinflussen. Wir hätten das alleine unter uns ausmachen sollen, unter vier Ohren und Augen. Früher war meine Frau nicht so, keinesfalls. Zwar immer etwas empfindlich, auch schnell hysterisch, aber nie derart krankhaft.

*Früher wusste sie auch nicht, dass sie immer wieder betrogen wurde.*

Bruno: Meine Frau lebte wie die Königin auf der Erbse. Ich habe sie umsorgt, sie verwöhnt, ich habe hart gearbeitet, damit sie und die Kinder allen nur erdenklichen Komfort haben konnten. Noch immer haben. Zählt das für euch Frauen denn nicht?

*Kennen Sie das Märchen von der Prinzessin auf der Erbse wirklich?*

Bruno: Ach ja, Prinzessin, nicht Königin. Ist das jetzt wirklich nötig, mich zu korrigieren? Auch das ist typisch für euch Frauen, uns Männer ständig zu korrigieren.

*Kennen Sie das Märchen?*

Bruno: Flüchtig, warum? Spielt das eine Rolle?

*Das Märchen handelt von der Probe, ob eine Prinzessin eine echte ist oder diesen Rang nur vortäuscht. Falls echt, darf sie den Prinzen heiraten. Sie schläft auf 20 Matratzen und zusätzlichen 20 Decken, darunter wurde ohne ihr Wissen eine einzige Erbse platziert. Am Morgen danach klagt sie, wie schlecht ihre Nacht war, weil sie auf etwas Hartem gelegen habe und deswegen kaum schlafen konnte. Und damit hat sie die Feinfühligkeit unter Beweis gestellt, die nur eine echte Prinzessin haben kann.*

Bruno: Aha, ja, ich erinnere mich … Und?

*Ich finde das Bild interessant, das Sie für den Zustand Ihrer Exfrau während der Ehe gewählt haben, eben auch im Zusammenhang, dass Sie sie als immer etwas empfindlich bezeichnet haben. Mir kommt es wie eine Metapher vor.*

Bruno: Ist das jetzt psychologisch?

*Nun, Sie sind ja auch bei einer Psychologin. Wollen Sie sich an der Metapher versuchen?*

Bruno: An deren Deutung? Hm … Keine Ahnung.

*Wirklich nicht?*

Bruno: Ach du bisschen! Soll etwa ich die Erbse sein? Sie machen Witze!

*Ich dachte eher an Ihre unterdrückten beziehungsweise nicht kommunizierten sexuellen Wünsche.*
(Bruno zuckte die Schultern, schwieg und verschränkte die Arme.)

*Sie haben Ihre Frau zwar wie auf Daunen gebettet, aber etwas stimmte in Ihrer Beziehung ganz offensichtlich nicht. Und das kam trotz allem Zudecken an die Oberfläche.*

Bruno: Nur der Sex stimmte nicht, sonst war alles okay. Sie ist ... sie war einfach schauderhaft prüde.

*Haben Sie denn je mit Ihrer Exfrau über Sex geredet? Ihr erzählt, was Sie sich wünschen würden? Ich meine, haben Sie ihr die Chance geboten, sich dazu zu äußern? Eine eigene Meinung vorzubringen? Vielleicht hätte sie sich auch etwas anderes gewünscht?*

Bruno: Einfach wunderbar! Jetzt reihen Sie sich gerade in den Haufen all jener Frauen ein, die mir die alleinige Schuld zusprechen wollen, dass meine Ehe gescheitert ist.

*Was hätte denn Ihre Frau möglicherweise geantwortet, wenn Sie sie nach ihren sexuellen Wünschen gefragt hätten?*

Bruno: Bitte mach ein wenig schneller, Schatz!

*Sind Sie sicher, dass sie das gesagt hätte?*

Bruno: Ja. Nein. Verdammt, spielt das denn noch eine Rolle?

*Vielleicht für Ihre Folgebeziehungen?*

Bruno: Daran denke ich nicht mal. Ich kann nur an meine Kinder denken. Glauben Sie mir, da ist die sexuelle Frage, Ihre Erbse, ja so was von irrelevant!

*Keinesfalls. Denn bald einmal werden Ihre Kinder zu Ihnen kommen und Fragen stellen. Was werden Sie ihnen auf die Frage antworten, warum Sie das Vertrauen Ihrer Exfrau missbraucht haben? Dass sie sexuell langweilig war, nicht auf Touren kam, keine Lust hatte, Sie ständig frustriert waren, Ihre Frau Ihnen nicht genügte… Dass Frauen grundsätzlich so sind und Männer sich damit arrangieren? Und deswegen fremdgehen dürfen, so wie Sie es getan haben? In der Meinung, gelegentliche Untreue und entsprechende Lügen halten eine Beziehung stabil? Werden Sie ihnen das sagen?*

Bruno: Und bums! Wieder zurück zur Schuldfrage. Mea culpa, mea maxima culpa. Aber das habe ich ja schon längst eingesehen.

*Was werden Sie Ihren Kindern einmal sagen?*

Bruno: Dass ich mit meiner Frau hätte reden sollen, dass ich nicht einfach hätte fremdgehen sollen, dass Sexfragen für Frauen bedeutender sind, als es scheint, dass wir Männer hingegen allzu locker damit umgehen … Was wollen Sie denn noch hören?

*Ich?*

Bruno: Ja, natürlich Sie. Sie schreiben ja eventuell ein Gutachten.

*Und deswegen ist es wichtig, mir etwas zu sagen, was Ihrer Sache förderlich sein könnte? Auch wenn es nicht unbedingt Ihrer Meinung entspricht? Und irgendwo drunter liegt eine Ihrer Erbsen, nämlich Ihre ganz persönliche Wahrheit?*

Bruno: Heißt …?

*Dass Sie möglichen Konflikten aus dem Weg gehen. Lieber nichts erzählen, den Ihnen wichtigen Menschen nach dem Mund reden oder glatt lügen.*

Bruno: Da bin ich wohl nicht der Einzige, oder? Man kann das nämlich auch positiv formulieren: Ich nehme Rücksicht auf die Gefühle der Menschen. Und was das »nach dem Munde reden« betrifft … Ich nenne das diplomatisch oder je nachdem situationsangepasst. Was meinen Sie, warum gewisse Leute es an die Spitze schaffen und andere nicht?

*Und was war es während Ihrer Ehe?*

Bruno: Rücksicht, ganz klar! Meine Frau ist … also meine Exfrau war blödsinnig eifersüchtig.

*Und Sie haben darauf Rücksicht genommen?*

Bruno: Ganz genau! In ihrer Gegenwart konnte ich nicht zwei Worte mit einer anderen Frau reden, die unter 80 war, sonst ging sie dann zu Hause wie so eine Cruise Missile auf mich los.

*Was ist das?*

Bruno: Eine ferngesteuerte, absolut mörderische Rakete.

*Aha. Dann war's ja wohl tatsächlich situativ angebracht, Rücksicht zu nehmen …*

Bruno: Jetzt spotten Sie wieder. Trotzdem: Ja, mein Verhalten war angebracht, um die Gefühle meiner Frau zu schonen.

*Moment, Bruno! Wessen Gefühle genau wollten Sie denn schonen? Die Ihrer Exfrau oder Ihre? Ich meine, wenn Ihnen nachträglich so ein fürchterlicher Raketenangriff droht, sollten Sie nur mit einer anderen Frau gesprochen haben …*

Bruno: Okay, okay. Ich mag keine Auseinandersetzungen und vor allem nicht wegen so blödsinnigen Anlässen. Das Leben ist viel zu kurz.

*Fremdgehen wäre auch so ein blödsinniger Anlass gewesen?*

Bruno: Das hätte meine Frau … meine Ex gar nicht vertragen. Die hätte mich gekillt!

*Sie wussten das?*

Bruno: Ach, verdammt nochmal! Ja. Bin ich jetzt überführt, oder was? Natürlich wusste ich das.

*Ich fasse zusammen: Sie haben also den Konflikt, den Sie wegen Ihres unbefriedigenden Sexuallebens hatten, a) lieber unterdrückt, statt eine eventuelle Auseinandersetzung zu riskieren, und sind b) deswegen fremdgegangen, haben dabei aber c) an-*

*geblich auf die Gefühle Ihrer Frau Rücksicht genommen und auch hier geschwiegen, weil Sie sonst d) von ihr gekillt worden wären. Habe ich alles richtig verstanden?*

Bruno: Was bringt mir jetzt diese Zusammenfassung, die hier völlig aus dem Kontext ist? Mir geht es um meine Scheidung, um meine Kinder. Deswegen lasse ich mich ja auch weiter beraten.

*Denken Sie doch mal kurz nach… Sind Sie denn jetzt nicht gekillt? Doppelt und dreifach?*

Bruno: Ich verstehe Sie nur zu gut. Das Ganze ist meine Schuld. Männer sind sowieso schuldig, klar. Wir sind wieder ganz am Anfang. Wissen Sie was? Sie können sich Ihr Gutachten sonst wohin stecken. Ich weiß sowieso, was drin stehen wird.

*Nämlich?*

Bruno: Ein unzulänglicher, nicht vertrauenswürdiger Vater, weil er keine Auseinandersetzungen riskiert, lieber schweigt oder lügt, dabei ständig fremdgeht. Habe ich was vergessen? Oh, und der gerne einen Schluck über den Durst trinkt. Das gehört ja wohl auch zum moralischen Ungenügen als Vater. Habe ich was vergessen, Frau Diplompsychologin?

*Was hat all das denn mit Ihrer Rolle als Vater, mit Ihrer Vaterschaft zu tun?*

Bruno: Wie soll ich das jetzt verstehen?

*Genau, wie ich es sagte. Was hat all das mit Ihnen als Vater zu tun? Sie zählen lediglich die Defizite auf, die dazu verhalfen, Ihre Ehe auflaufen zu lassen.*

(Hier stand Bruno auf, marschierte schweigend in meinem kleinen Praxisraum herum und setzte sich nach einer Weile wieder hin.)

*Versuchen Sie es nochmals, Bruno. Was werden Sie Ihren Kindern sagen, wenn die Ihnen Fragen stellen werden, warum Ihre Ehe in die Binsen ging beziehungsweise in die Binsen gehen musste?*

(Lange Pause)

Bruno: Dass ich nicht offen genug war. Dass ich meine Wünsche kaum je angemeldet habe, weil ich Auseinandersetzungen fürchtete. Nach wie vor fürchte. Ich schenke lieber Blumen. Dass ich Feigheit mit Rücksicht verwechselt habe. Dass mir Sex viel wichtiger war, nein, ist, als ich mir eingestehen konnte. Dass ich die Mutter meiner Kinder angelogen habe, weil ich zu Hause Ruhe wollte, weil es so für mich bequemer war. Besser so?

*Keine Ahnung. Finden Sie es denn besser?*

(Lange Pause)

Bruno: Wahrscheinlich habe ich hier und jetzt gerade das erste Mal verstanden, was die Anwältin meiner Ex eigentlich meint, wenn sie immer wieder von der Paarebene spricht, die nicht auf die Eltern-Kind-Ebene abfärben soll … Und ich deswegen vorläufig Ruhe geben soll …

*Dann ist die Anwältin Ihrer Exfrau vielleicht doch nicht so blöd? Und Sie taten von Anfang an gut daran, den eigenen Anwalt zu bremsen?*

Bruno: Hm. Jetzt habe ich aber noch eine Frage, und ich bitte Sie, mir als Frau und nicht als Psychologin zu antworten. Nicht dieses therapeutische Spiegeln, okay? Es wäre für mich sehr wichtig. Okay? Finden Sie das Verhalten meiner Ex denn wirklich richtig? Hat sie irgendein Recht, sich so zu verhalten, wie sie es tut?

*Darauf kann ich Ihnen durchaus als Beziehungstherapeutin antworten…*

Bruno: Nein! Eben nicht. Sonst muss ich mir nur wieder anhören: »Was meinen *Sie* denn, Bruno…?«

*Wenn Sie mich ausreden lassen würden…*

Bruno: Bitte!

*Das Verhalten Ihrer Exfrau ist keineswegs richtig. Sie verwechselt die Paarebene mit der Eltern-Kind-Ebene.*

Bruno: Sie verwechselt Ebenen?

*Mehr als das. Ganz offensichtlich bezieht Ihre Exfrau die Kinder in ihr subjektives Erleben ein, in ihre persönliche Wahrnehmung. Und da die Kinder bei der Mutter leben, fürchten sie um einen eventuellen Verlust der mütterlichen Gunst, sollten sie diese Gefühle nicht teilen. Das subjektive Erleben Ihrer Exfrau gehört jedoch zur Paarebene.*

Bruno: Ganz schön psychologisch…

*Eine Ehe mag de facto noch so schlecht gewesen sein, das Ende noch so unschön, der Nachhall darf die Beziehung zu und mit den Kindern jedoch nicht zusätzlich belasten. Die sind durch eine Scheidung schon betroffen genug. Tatsache bleibt, dass Kinder nun mal das Recht auf eine eigenständige Beziehung zu beiden Elternteilen haben. Somit ist das Verhalten Ihrer Exfrau ausgesprochen unfair und rücksichtslos. Sie veranlasst, wenn auch indirekt, die gemeinsamen Kinder dazu, Partei ergreifen zu müssen.*

Bruno: Sagen Sie das mal ihrer Anwältin!

*Die weiß das, glauben Sie mir. Aber manchmal wird auf Zeit gespielt… Es geht ja auch um den Unterhalt. Und da sollten Sie keine weitere Munition liefern, sonst verzögert sich die Bereitschaft zu einer Versöhnung und damit zu einer gütlichen Regelung des Umgangsrechts noch mehr. Außer, Sie wollen dieses rechtlich erzwingen…*

Bruno: Will ich nicht! Ich vertraue in einer Beziehung meiner Ex nach wie vor: Sie ist eine gute Mutter, sie muss sich nur daran erinnern. Mir will sie schaden, aber auf Dauer ganz sicher nicht unseren Kindern, das weiß ich.

*Gut so. Vergessen Sie nicht, dass Kinder mit einer Scheidung der Eltern immer Probleme haben. Auf keinen Fall sollten sie noch zusätzlich mit all den Frust- und Wutgefühlen des einen oder anderen Elternteils belastet werden. Denken Sie da an die Worte der Anwältin Ihrer Exfrau.*

Bruno: Etwas Ruhe geben?

*Genau. Lassen Sie Ihrer Exfrau etwas Zeit für Rückbesinnung. Bombardieren Sie sie nicht weiter. Lassen Sie die Paarebene einfach mal sein und kümmern Sie sich um die Bewältigung Ihrer eigenen Gefühle.*

Bruno: Mache ich ja gerade. Ich glaube, ich habe etwas ganz Wichtiges verstanden.

*Das reicht wohl kaum. Während Ihre Exfrau immer wieder krank ist, strotzen Sie Ihrerseits vor Wut und Aggression. Etwas mehr Zeit und Einkehr schaden hier niemandem. Auch ist Ihre rechtliche Lage keineswegs schlecht, zudem sind die Kinder nicht mehr klein. Wenn etwas Ruhe eingekehrt ist, werden die sich auch noch einiges überlegen können und wollen. Die vermissen ihren Vater nämlich auch.*

In der Folge kam Bruno noch sechsmal in die Therapie, dies in einem Zeitraum von vier Monaten. Ich hatte ihm geraten, sich einer Männergruppe anzuschließen, um auch noch im Kreis ähnlich betroffener Männer seine aufgestauten negativen Gefühle weiter abbauen zu können.

Er wollte das nicht: »Es reicht mir, wenn ich mir gewisse Kollegen anhören muss, die Ähnliches wie ich erlebt haben und nur von ihrem Elend sprechen können. Ich bin jetzt dran, den ganzen Trennungssumpf zu verarbeiten und mich langsam davon zu erholen. Es soll kein Thema mehr sein, wenn ich meine Kinder das erste Mal wieder sehen kann. Wir haben dann anderes miteinander aufzuarbeiten«, war seine Begründung gewesen. »Ich will auch das Verhalten meiner Ex nicht mehr interpretieren müssen. Es ist halt, wie es ist.«

# Mütter, die zu Hyänen werden

# Wenn der Zerstörungswille vorherrscht

»Ich kann dieses Gerede über männliche Selbstfindungsprozesse, über Emanzipation nicht mehr hören. Was hätte ich denn noch alles tun sollen, damit meine Tochter mich endlich als den Vater wertschätzt, der immer für sie verfügbar gewesen wäre, hätte ihre Mutter nicht alles kaputt gemacht?«, wollte ein Mann wissen. »Es mag Ihnen entgangen sein, aber Frauen können zu wahren Hyänen werden!«

Seine inzwischen erwachsene Tochter wolle ihn nie, aber auch gar nie mehr sehen, weil sie nun endgültig wisse, dass er während der Ehe die Mutter seelisch kaputt gemacht habe, diese sich nie davon erholen konnte und nur wegen ihm zur schweren Alkoholikerin geworden sei. Jetzt habe er die Nase voll und wolle seiner Tochter all die Lügen aufdecken, die seine Ex ganz offensichtlich nach wie vor erzähle. Doch sie verweigere jegliche Zusammenkunft und Aussprache, genau wie die Mutter.

»Soll ich meiner Tochter etwa die wahre Geschichte meiner Ehe auf ihren Facebook-Account posten? Dort bezeichnet sie sich inzwischen als ›fatherless child‹ und gefällt sich in pseudopsychologischen Abhandlungen zu egoistischen

Männern. Männer seien allesamt Scheißkerle, von Natur aus. Ist doch einfach schauderhaft!

Ich will ihr endlich erzählen, wie ihre Mutter mich jahrelang belogen, meine Konten geplündert und mich abends mit ihren diversen Stechern betrogen hat, derweil ich die Kleine hütete. Bis mir doch mal der Kragen platzte und ich trotz Kind die Scheidung wollte. Um dann nach Strich und Faden abgezockt zu werden und häufig genug vor verschlossenen Türen zu stehen, wenn ich mein Kind besuchen oder abholen wollte. Die Behörden waren null Hilfe, null. Und ich habe halt geschwiegen wegen diesem angeblichen Kindeswohl. Wozu? Das Wohl blieb eine reine Worthülse. Die Gefühlszeche habe ich bezahlt, bezahle ich immer noch. Vielleicht bringe ich über Facebook meine Tochter doch noch zur Vernunft.«

Besser nicht auf diese Weise, riet ich ihm. Hier heißt es abwarten und sich in Geduld fassen – und sich auf das eigene Leben konzentrieren, damit nicht noch mehr eigene Substanz in Mitleidenschaft gezogen werden kann und alte Konfliktmuster sich fast unbemerkt in den neuen Beziehungen wiederholen. Die Tochter wird älter, reifer und wahrscheinlich entsprechend kritischer gegenüber der Mutter werden, und sei es, wenn sie irgendwann selber Kinder hat. Hoffentlich.

Wie eine überdimensioniert böse Illustration erschien mir da die am 14. August 2012 in der Schweizer Boulevardzeitung *Blick* publizierte Geschichte einer Trennungsmutter, die nur noch destruktiv agieren konnte. Beim Lesen hatte sich mir unwillkürlich eine Strophe aus »Das Lied von der Glocke« von Friedrich Schiller aufgedrängt:

> Da werden Weiber zu Hyänen
> Und treiben mit Entsetzen Scherz,
> Noch zuckend, mit des Panthers Zähnen,
> Zerreißen sie des Feindes Herz.
> Nichts Heiliges ist mehr, es lösen
> Sich alle Bande frommer Scheu,
> Der Gute räumt den Platz dem Bösen,
> Und alle Laster walten frei.

Besagte Mutter hatte ihrem kleinen Sohn Pillen für Querschnittgelähmte verabreicht. Erst als das Kind ins Koma fiel und die Ärzte um sein Leben kämpften, eröffnete sie ihnen hinterlistig, dass sie vermute, der Kleine habe wohl eine der Pillen geschluckt, die ihr geschiedener, im Rollstuhl sitzender Mann jeweils völlig achtlos am Boden herumliegen lasse. Klartext der fiesen Botschaft: Solch einem nachlässigen Vater muss das Sorgerecht möglichst umgehend entzogen werden!

Nun, Klein-Matteo konnte gerettet werden, die Mutter musste wegen Mordversuchs für drei Jahre, davon eines auf Bewährung, ins Gefängnis, dem Vater wurde natürlich weder Sorge- noch Umgangsrecht entzogen. Die Schlagzeile hatte gelautet: »Mordversuch wegen Sorgerecht – Wie erklärt eine Mutter, warum sie ihr Kind vergiftete?«

Vor Gericht habe die Mutter wiederholt und unter Tränen beteuert, dass sie ihr Kind liebe und ihm sicherlich keinen Schaden zufügen wollte. Nein, natürlich nicht, sie wollte ja bloß erreichen, dass dem Vater sein Kind auf Dauer vorenthalten würde… Eine Frau also, die ganz gezielt ihr kleines Kind dafür instrumentalisierte, dem Ex größtmöglichen Schaden und Schmerz zuzufügen.

Solche weiblichen Irrwüchse einfach in die Rubrik »die hat halt einen an der Waffel« zu schieben wäre sicherlich falsch. Genauso falsch wie die Annahme, es handle sich da vorwiegend um dumme oder undifferenzierte Frauen. Aber auch hier kann bezüglich der Frage nach dem Motiv nur spekuliert werden.

Hat die Frau unterschätzt, was es bedeutet, mit einem invaliden Mann zusammenzuleben? Wurde ihr alles zu viel? Hatte sie sich deswegen von ihm getrennt? Hatte sie bereits eine neue Beziehung? Wollte sie deswegen einen Schlussstrich ziehen unter eine sie belastende Zeit? Aber da war noch ein Kind, ein deutliches Bindeglied zur Vergangenheit. Ein Kind, das Anspruch hatte auf seinen Vater, und der auf sein Kind.

Ein Kind, das sogar das Recht hatte, diesen Störfaktor namens Vater immer wieder in das Leben der Mutter einzubeziehen. Wollte sie diese Verbindung kappen? Wohlwissend, dass das Sorgerecht nur aus triftigen Gründen entzogen werden kann. Also bezichtigte sie den Vater, sein Kind, wenn auch unabsichtlich, so doch mangels Sorgfalt fast vergiftet zu haben … Und tötete dabei fast ihren kleinen Sohn.

Eine Frau, die nach einer Trennung einen völlig irrationalen Rachefeldzug gegen den Ex führt, der letzten Endes nur alles kahlschlägt, was in der Beziehung zu ihrem ehemaligen Partner noch gut war beziehungsweise gut hätte sein können. Ohne jede Rücksicht auf das gemeinsame Kind oder auf dessen Befindlichkeit, wie auch im Fall von Deidre.

## Deidre und ihr Muttermonster

Deidre ist inzwischen 56 Jahre alt, Laborantin, geschieden, mit einem erwachsenen Sohn. Ihre Mutter hatte ihr während der gesamten Kindheit und Jugend bis weit ins 52. Lebensjahr erzählt, dass ihr Vater nicht nur ein miserabler Ehemann gewesen sei, sondern auch kaum Interesse an seiner Tochter gezeigt habe. Schließlich, trotz all ihrer Vorwürfe und Bitten, sogar nach Neuseeland umgezogen war, weil er lieber bei seinen Schafherden lebte denn in der Schweiz und in Reichweite seiner kleinen Tochter.

Das Ausüben des Umgangsrechts wäre ihm unter den geografischen Umständen halt zu anstrengend gewesen, ihrerseits hätte sie alleine nicht die finanziellen Mittel aufgebracht, mit der kleinen Tochter hin und her zu reisen. Ihren diesbezüglichen Auseinandersetzungen sei er lieber ausgewichen und schließlich komplett von der Bildfläche verschwunden.

Scheißkerl, der einfach so die Beziehung zu seiner kleinen Tochter aufgibt, weil geografisch unbequem! Schlappschwanz, der den Streit mit seiner Ex fürchtet, statt ihr einfach ein wenig mehr Geld zu überweisen, damit sie öfter mit der noch kleinen Tochter zu ihm reisen kann – damit Vater und Kind den Kontakt zueinander nicht verlieren. Wäre die Tochter denn das nicht wert gewesen?

Die bittere Realität war gewesen, dass ihre Mutter alles darangesetzt hatte, Termine zu boykottieren, Briefe und Geschenke zu unterschlagen, falsche Anschuldigungen gegenüber dem Kindsvater zu erheben, denen die Vormundschaftsbehörde minutiös nachgehen musste, bis dieser schließlich, gesundheitlich angegriffen, das Handtuch warf und sich nach Neuseeland absetzte.

Deidre konnte den Spuren ihres Vaters erst relativ spät nachgehen und hat sich dann in unmittelbarer Nähe von blökenden Schafen, auf einer wundervoll grünen Wiese sitzend, stundenlang mit ihm ausgetauscht (»Es war ziemlich surreal… wie in einem Hobbit-Film«). Sie weinte, während sie ihm erzählte, wie sie als kleines Mädchen wiederholt mit ihrem selbst gepackten Köfferchen auf einem Stuhl neben der Haustüre gesessen und vergeblich auf ihn gewartet habe. Wie die Mutter sie dann umarmt und ausgiebig getröstet habe. Wie sie abends im Bett »Daddy, Daddy« vor sich hin schluchzte, bis sie einschlief. Wie sie irgendwann einen ihrer Teddybären Daddy genannt und ihn wutentbrannt mit der Schere in kleinste Schnipsel zerschnitten hatte.

»Ich war sechs Jahre alt! In diesem Alter vergisst ein Kind nicht mehr so leicht. Ich habe meinen Vater heiß geliebt, und sein Verschwinden hat mir unglaublich wehgetan, jahrelang. Ich wurde eine Meisterin im Verdrängen der Realität. Sobald ich lesen konnte, zählten Bücher über Neuseeland zu meinen Favoriten. In der Schule und bei meinen Freundinnen habe ich ständig Lügenmärchen erzählt von einem Vater, der eine riesengroße Ranch hat und ein Cowboy ist. Deswegen kann er auch nicht in die Schweiz kommen, telefoniert dafür mit mir, allerdings nicht so häufig, weil es sehr, sehr teuer ist, so übers Meer miteinander zu plaudern.

Meine Klassenkameraden hingen jeweils an meinen Lippen, während ich ihnen hoch spannende Geschichten erzählte über schwieriges Schafescheren, nächtliche Coyoten-Angriffe, aktive Vulkane, speiende Geysire, strandende Seerobben, massenhaft ungiftige Spinnenarten, davon aber nur eine wirklich gefährliche, etc. Natürlich war immer mein Vater irgendwo am Erleben oder Geschehen beteiligt. Ich war inzwischen zur absoluten Koryphäe geworden, was Neuseeland betrifft. Ich konnte sogar beschreiben, wie ekelhaft juckend so ein Kiwi-Biss ist, denn diese Sandflöhe scheinen dort eine echte Plage zu sein.

So hörten sie auch, dass ich, sobald alt genug, über besagtes Meer reisen werde, weil mein Vater möchte, dass ich zu ihm komme, um ihm zu helfen, seine Ranch zu führen. Hoch zu Pferd, mit vielen großen Hunden, würden wir dann gemeinsam seine Schafherden zusammentreiben, wobei er eine Pistole tragen müsse, eben im Fall eines Angriffs durch einen wildgewordenen Coyoten.

Logischerweise nahmen die Geschichten über meinen tollen Vater ein schlimmes Ende, als ich älter wurde und meine Mitschüler eben auch. Man begann mich auszulachen, mir hinterlistige Fragen zu stellen, mich zu provozieren. ›Erzähl uns doch noch mal, wie groß die Ranch deines Vaters ist.‹ – ›Wo genau liegt die schon wieder?‹ – ›Was hat er dir denn so gesagt beim letzten Telefonat? Hat wieder ein Coyote die halbe Herde gerissen?‹ – ›Warum kann dein Vater nicht mal in einen Flieger steigen und dich besuchen kommen? Haben die in Neuseeland die Flugzeuge noch nicht erfunden?‹ – ›Zeig uns doch mal einen Brief von ihm, der hat sicher eine tolle Marke drauf …‹ – ›Was schickt er dir denn an Geburtstag und zu Weihnachten, ein Schaf oder gar zwei, weil du so brav bist?‹ – ›Du hast es vielleicht gar nicht mitgekriegt, aber dein Vater wurde von einer Spinne totgebissen. Frag mal deine Mutter.‹ Ja, Kinder können unglaublich grausam sein. Ich habe gelitten wie ein abgestochenes Schwein, nur länger.

Es war eine schreckliche Zeit, in der meine Mutter zusätzlich wichtig wurde für mich. Sie war mein schützender Hafen, meine Oase, ich fixierte mich völlig auf sie. Immer war sie da für mich, tröstete mich in meiner Verzweiflung wegen meines No-show-Vaters, zeigte Verständnis und nahm mich in Schutz wegen der Lügengeschichten, auch weil diese wiederholt zu Gesprächen zwischen ihr und der Lehrerschaft geführt hatten. Sie unterstützte mich auch in meinen Wutanfällen bezüglich meiner Mitschüler, die sich auf meine Kosten schieflachten. Ihr größter Liebesbeweis, so schien es mir, war, dass sie sogar den Wohnort wechselte, als ich immer mehr gemobbt wurde. Nur so konnte ich eine andere Schule besuchen.

Sie machte mir deutlich, dass gewisse Männer (›Oh, Liebes, nicht unbedingt alle…‹) eben echte Scheißkerle seien und wir Frauen irgendwie lernen müssten, damit umzugehen. Auch wies sie diskret darauf hin, dass mein Vater einen ›Hang zur Gewalt‹ hatte, ohne diesbezüglich aber näher auf meine erschrockenen und mitfühlenden Fragen einzugehen. Am besten sei wahrscheinlich sowieso, Distanz zu halten und möglichst nicht zu heiraten, damit wir Frauen nicht riskieren, solchen Typen ausgeliefert zu sein. Es bringe, wie ihr eigenes Beispiel deutlich zeige, allzu häufig nur Leid und Wut. Zum Glück hätten wir zwei Frauen einander.

Nach ihrem Tod, als ich noch völlig untröstlich ihre Sachen aufräumte, fand ich ganz hinten im Abstellraum eine große Kiste mit zum Teil ungeöffneten, an mich adressierten Briefen und Paketen meines angeblich an mir nicht interessierten Vaters und ganze Fotostapel von ihm, meiner Mutter und mir als kleines Mädchen. Dabei auch Bilder seines Hofs, von Schafen und deren neugeborenen Lämmern, von einer Frau, über die meine Mutter mit schwarzem Filzschreiber irgendwas Unleserliches gekritzelt hatte.

Ich fand ausführliche Beschreibungen von Neuseeland, Bildbände zu der dortigen Fauna und Flora, überall mit einer Widmung an mich. Es war schrecklich für mich. Ich konnte tagelang nur weinen und ließ mich schließlich in die Psychiatrie einweisen, wo ich dank Medikation und einem ausgezeichneten Therapeuten wieder langsam auf die Beine kam. Die Tatsache, dass mein gesamtes bisheriges Leben auf einer einzigen Lüge gebaut war, grenzte für mich aber nach wie vor ans Unerträgliche. Ich beschloss, möglichst bald zu meinem Vater zu reisen.

›Vielleicht wollte Ihre Mutter, dass Sie diese Sachen einmal finden. Sonst hätte sie die längst vernichten können. Unbewusst war dies wohl ein Eingeständnis, dass sie sich sehr wohl ihrer großen Schuld bewusst war, aber keinen Weg fand, damit umzugehen‹, war die Mutmaßung des Therapeuten in der Klinik gewesen.

›Was ist eigentlich das weibliche Pendant zu Scheißkerl? Jahrelang betitelte meine Mutter meinen Vater als solchen, jetzt möchte ich gerne den passenden Ausdruck für dieses Monster finden, das mich geboren hat…‹, warf ich ein.

›Vergessen Sie nicht, dass Sie Ihre Mutter geliebt haben, und diese Sie auch.‹

›Meine Liebe zu ihr fußte auf der Vorspiegelung falscher Tatsachen. Das ist unverzeihlich. Ich hasse sie abgrundtief.‹

›Trotzdem werden Sie sich einmal mit ihr versöhnen müssen, schlichtweg weil sie ein Großteil Ihres Lebens war. Sie können die gemeinsamen Jahre nicht einfach in nichts auflösen. Damit würden Sie an der eigenen Existenz ein großes Stück kappen.‹

›Umso besser für mich!‹, hatte ich erwidert. Und dabei blieb und bleibt es.

Ich beauftragte eine Räumungsfirma, die Wohnung meiner Mutter zu leeren und alles zu entsorgen. Nichts wollte ich davon, nichts mehr mit ihr zu tun haben. Nichts. Im Kamin verbrannte ich alles, was ich von ihr in meiner Wohnung nur finden konnte und das brennbar war. Ich feierte einen ganz persönlichen Hexensabbat und verfluchte dabei die Frau, die mir meine Vaterbeziehung und mein halbes Leben versaut hatte. Den Rest ihres Mists trug ich eigenhändig zur nächsten Mülldeponie, zwei große Müllsäcke voll. Und dann reichte ich die längst fällige Scheidung von meinem Mann ein.

Während ich all das wie einer der sprudelnden Geysire Neuseelands meinem alten Vater vor die Füße schüttete, musste er sich wiederholt die Augen wischen und nur immer wieder den Kopf schütteln.

›Schrecklich, was ich dir angetan habe, schrecklich! Ich habe dich mit der Frau alleine gelassen. Aber weißt du, es kam der Punkt, wo ich nur noch an mich denken konnte. Ich war sehr krank geworden. Ich litt an einer schweren Dysphagie und konnte mich kaum mehr ernähren. Ich hatte laut meines damaligen Arztes offensichtlich bis oben hinaus genug von den unentwegten Bosheiten deiner Mutter.

Sie wollte sogar ein begleitetes Besuchsrecht durchsetzen, weil ich angeblich derart jähzornig sei und mich an dir vergreifen könnte. Sie ging deswegen bis ans Obergericht, wurde aber auch dort abgewiesen wie schon von den vorherigen Instanzen. Sie ist mit ihren Anschuldigungen vor gar nichts zurückgeschreckt. Und ich lag seelisch am Boden, ich begann sogar zu trinken, damit ich einschlafen konnte. Ich, der sonst nie mehr als ein Glas Wein getrunken hatte, wenn überhaupt.

Dann kam das Angebot eines ehemaligen Studienfreundes, ihn doch auf seiner Pferdefarm in Neuseeland zu besuchen, damit ich etwas Abstand gewinnen könne. Er werde mich dabei unterstützen, ich müsse allerdings eine Weile für ihn arbeiten. Er war mein Anker, meine Rettung, ich werde ihm ewig verbunden bleiben. Er starb leider vor zwei Jahren, ich zeige dir dann sein Grab, ich möchte nämlich einmal neben ihm bestattet werden, das haben wir miteinander ausgemacht. Er war ein wenig sonderbar, wahrscheinlich weil Frau und Kind bei der Geburt verstorben waren, dabei ein herzensguter Mensch.

Am Anfang ließ er mich von morgens bis abends schuften, dann hockten wir zusammen, er stellte Fragen, und ich redete, redete, redete. Bis ich das Gefühl hatte, jetzt alles rausgelassen zu haben. Zwar heulte ich nachts noch immer aus Sehnsucht nach dir, fühlte mich aber wieder als Mensch. Und schließlich baute ich mit seiner Unterstützung langsam eine Schafzucht auf, war auch für einige Jahre mit einer reizenden Frau liiert, die aber die Weite hier nicht sonderlich gut vertrug und zurück in die Stadt wollte. Inzwischen sind wir einfach gute Freunde.

Dass du mir nie geantwortet hattest, habe ich darauf zurückgeführt, dass du keinen Kontakt mit mir haben, mich vergessen wolltest. Ich habe das akzeptiert und mich dann auch nicht mehr gemeldet. Deine Mutter hatte mir in völlig unerwarteter, untypischer Freundlichkeit wiederholt geschrieben, dass meine Briefe und Pakete dich jeweils sehr verunsichern würden und ich dich ›um des Kindeswohls willen‹ in Ruhe aufwachsen lassen sollte. Wenn du es dann noch wünschen solltest, würdest du sicher von dir aus zu mir kommen. Ich solle mich in Geduld und Nachsicht üben.

So weh es tat, ihre Sorge um dich hatte mich berührt, mir eingeleuchtet, ich wollte dir doch nicht schaden. Nie aber wäre ich darauf gekommen, dass deine Mutter auch dich dermaßen belügen, zudem alles unterschlagen könnte, was ich dir geschickt hatte. Dabei hätte ich es eigentlich wissen sollen, so, wie ich sie häufig genug erlebt habe. Sie konnte mir offensichtlich die Scheidung nicht verzeihen, ich hatte das Leben mit ihr nicht mehr ausgehalten und ihr das auch so gesagt. Dabei war ich ihr nie untreu gewesen, sondern bloß langsam am Ersticken in einer Beziehung, die alles aus mir rauspresste und mir nichts mehr übrig ließ. Ich war seelisch am Verdorren. Ich kann dir nur sagen, wie leid, wie unendlich leid mir das im Nachhinein tut. Hätte ich gewusst…‹

Ich hatte ihm auch geschildert, wie ich in meiner ersten Ehe wegen einer mehr als unglücklichen Partnerwahl ganze 20 Jahre gelitten hatte, weil ich meinem Kind den Vater nicht nehmen wollte. Ich wollte unserem Sohn sein Familienleben aufrechterhalten. Er sollte all das haben, was mir entgangen war. Ich selber hatte etliche Depressionen und verschiedenste, nur wenig wirksame Therapien durchlaufen, dann erfolgte der Krebstod meiner Mutter, die kurz darauf folgende Entdeckung ihrer großen Lebenslüge und mein Zusammenbruch, bis ich schließlich und endlich über meinen kleinen Tellerrand hinausschauen und mich zur Scheidung aufraffen konnte.

Mein Ex war gut 20 Jahre älter gewesen als ich (Vatermanko lässt grüßen!), zudem ein direkt dem Alten Testament entsprungener Patriarch, um nicht zu sagen: ein religiöser Fundamentalist, dabei mit analfixierten Sexualpraktiken. Immerhin hatten die wenigen Abweichungen zu der Zeugung und Geburt meines wundervollen Sohnes geführt. Die Scheidung war ein Drama der Sonderklasse gewesen, ich hatte sogar Polizeischutz einfordern müssen. Doch das ist eine andere Geschichte, die auf der Lebenslüge meiner Mutter und dem mir eingetrichterten, völlig verzerrten Männerbild gründet.«

Deidre nahm beruflich eine Auszeit, wohnte ein gutes halbes Jahr bei ihrem Vater, während ihr Sohn die Stadtwohnung in der Schweiz auflöste und ein kleines Haus auf dem Land mietete. Er holte seine Mutter in Neuseeland ab und blieb selbst eine Weile dort, um seinen Großvater kennenzulernen. Laut Deidre interessiert er sich allerdings nicht für Schafe, sondern für Pferde und schmiedet bereits Pläne, eventuell nach Neuseeland auszuwandern. Sein Großvater hat ihm versprochen, bei der Ansiedelung behilflich zu sein, und der Hoffnung Ausdruck gegeben, dass er seine letzten Jahre gemeinsam mit Tochter und Enkel verbringen könne. Für einmal gab es nach einem derartigen Beziehungsdrama ein tatsächliches Happy End.

# Ein klärendes Fachfrauengespräch über weibliche Rachsucht – zweite Runde

»Hast du tatsächlich Happy End geschrieben?«, will Esther aus meiner kleinen Fachfrauen-Gruppe wissen, nachdem ich diese Fallgeschichte vorgelesen habe. »Die umschreibt ein halbes Jahrhundert an mütterlichen Lügen und menschenverachtendem Verhalten, diese Story! Es ist einfach abscheulich. Glaubst du tatsächlich, diese drei Menschen stecken das einfach so weg?«

»Nein, sicher nicht«, meine ich. »Aber Unglück kann auch zusammenschweißen, vor allem, wenn es daran unschuldige und nach wie vor liebesfähige Menschen betroffen hat. Und die drei sind nun mal eine Familie und haben hoffentlich noch einige Jährchen Zeit, um sich aneinander zu erfreuen. Neuseeland muss übrigens echt traumhaft sein, die richtige Kulisse für spätes Glück, zudem weit weg von all dem vergangenen Leid.«

»Könnten wir nicht über Filme reden? Und so die Sache mit den rachsüchtigen Weibern etwas leichtfüßiger angehen? Ich habe schlecht geschlafen nach dieser Medea-Geschichte. Also dachte ich für heute an ›Der Club der Teufelinnen‹ mit Diane Keaton und Bette Midler. Kennt ihr sicher: Drei schon etwas ältere Frauen rächen sich an ihren Männern, die allesamt jüngere Frauen genommen haben. Die Ehefrauen sollen das Nachsehen haben, obwohl sie maßgeblich an der Karriere, am Erfolg ihrer Männer beteiligt waren. Die vierte im Bunde hat wegen der Trennung Selbstmord begangen, jetzt schmieden die drei Rachepläne. Übrigens alle höchst erfolgreich«, meint Lou eifrig. Sie ist nun mal ein absoluter Filmfreak.

Unisono schütteln wir den Kopf. Die Sache ist doch etwas zu simpel, obgleich mit hohem Unterhaltungswert.

»Dachte ich's mir«, seufzt Lou. »Und ›Kill Bill‹ von Tarantino mit Uma Thurman wohl auch nicht. Filme schaffen einfach etwas mehr Distanz zur Realität. Selbst wenn Uma sich abscheulich blutig rächt, allerdings wegen ihrer verschwundenen Tochter.« Wir lachen und zücken unsere Notizen. Es wird ernst.

»Nach Medea möchte ich ein anderes mögliches Rachemotiv einbringen, so richtig zum Sich-die-Zähne-Ausbeißen«, kündige ich an.

»Hört, hört!«, spöttelt Lou.

»Vorerst hauptsächlich an die Analytikerinnen: Was trieb denn die schöne Salomé an, den Kopf von Johannes dem Täufer vom Tetrarchen Herodes Antipas zu fordern, nachdem sie ihn mit einem erotischen Schleiertanz derart betört hatte, dass er ihr die Erfüllung eines Wunsches schwor?«, frage ich provokant in die Runde.

»Kinder! Jetzt wird's nach den Griechen auch noch biblisch«, stöhnt Eloise. »Konntest du uns nicht vorwarnen? Wahrscheinlich wollte der Täufer nichts von fleischlicher Lust wissen, weil er sich nur seinem Gott verbunden fühlte. Also hat er Salomé, so schön die auch gewesen sein mag, abgewiesen, sie damit in ihrem Selbstverständnis gekränkt und ihre Person definitiv infrage gestellt. Das Übliche, schon damals, dieser Mangel an weiblichem Selbstwertgefühl. Dafür verlangte sie dann wenigstens seinen Kopf, in Ermangelung eines anderen Körperteils. Logisch, nicht?«

»Hm …«, beginnt Esther. »Klingt echt gut, aber das war's nicht, glaube ich. Spielt da nicht die Mutter von Salomé die führende Rolle?«

»Die Mutter? Was hatte die damit zu tun? Doch etwas in die Richtung von ›Kill Bill‹?«, fragt Lou hoffnungsvoll.

»Esther hat recht«, antworte ich. »Herodias, die Mutter von Salomé, ist die treibende Kraft, die eigentliche Protagonistin. Sie ist zornig, weil der Täufer wiederholt öffentlich ihre sündige Moral kritisierte. Sie hatte Herodes Antipas, den Halbbruder ihres ersten Mannes, verführt, weil der als Tetrarch, als Teilstammesherrscher mächtiger war, worauf dieser seine Ehefrau verstieß und sie heiratete. Beide Ehen gründeten also auf Ehebruch, das goutierten die jüdischen Untertanen des Herodes nicht, und der Täufer heizte in seinen Predigten die Volksstimmung noch zusätzlich auf.«

»Meine Güte, was sind das für schwierige Geschichten …«, seufzt Lou. »Warum tanzt dann die Salomé? Um die Meute zu beschwichtigen und damit ihre Mama zu schützen? Aber wo kommt da der Johannes beziehungsweise dessen Kopf rein?«

»Das ist wiederum archetypisch ...«, will Esther ausholen, realisiert aber noch rechtzeitig, dass sie dafür allzu tief in analytische Abgründe zu jenen Männern eintauchen müsste, deren Köpfe von Frauen gefordert wurden. (Nachher wird sie mich daran erinnern, dass Pallas Athene dem Kopf von Zeus, ihrem Vater, entsprungen ist. Wenn also kluge Frauen nach abgesäbelten Männerköpfen verlangen, würden sie dadurch die teilweise recht zerstörerische Macht des Väterlichen, des Animus, kategorisch infrage stellen ...)

»Nicht ganz, Lou«, sage ich jetzt. »Herodes hat den Aufrührer Johannes einkerkern lassen, damit der endlich Ruhe gibt. Herodias, seine Gattin, ist damit nicht zufriedengestellt, kann aber nichts machen. Dabei hat der Täufer sie öffentlich als Metze, als Hure, gebrandmarkt. Als Salomé vor ihrem Stiefvater Herodes und all seinen Gästen tanzt und ihn dadurch dermaßen bezaubert, dass er ihr zum Dank die Erfüllung eines Wunsches verspricht, und Herodias gesehen hat, wie all den Männern der Geifer nur so runterläuft ...«.

»... aha, jetzt kommt Mamas unterdrückte Wut ins Spiel!«, fällt mir Lou ins Wort.

»Genau. Salomé weiß nämlich gar nicht, was sie sich wünschen soll, und fragt ihre Mutter.«

»Und die kann sich jetzt endlich für die üble, aber sehr stimmige Polemik rächen und über ihre Tochter den Kopf des Täufers einfordern. Oder?«, fragt Eloise.

»Ja, obwohl dem Tetrarchen Herodes dabei keineswegs wohl ist, da der Täufer ja sehr populär ist. Aber er hat vor allen anwesenden Fürsten sein Wort gegeben, lässt den Gefangenen also kurzerhand köpfen und Salomé dessen blutigen Kopf auf einem Silbertablett überreichen. Nicht ganz nebenbei muss er ja auch auf seine Reputation achten, denn die Ehe mit Herodias ist bekanntlich nicht rechtskonform. Der Täufer hätte mit seiner Kritik zum Aufwiegler werden und so den Feinden des Tetrarchen in die Hände spielen können, nun aber hat Herodes einen Grund, ihn zum Schweigen zu bringen: sein Versprechen an Salomé. Zwei Fliegen mit einer Klappe geschlagen«, beende ich die Geschichte etwas salopp.

»Worauf Salomé den Kopf schaudernd ihrer rachsüchtigen, jetzt aber hochzufriedenen Mutter weiterreichen darf. Was für eine abscheuliche, gefühllose Frau, diese Herodias. Die ist schlimmer als Medea, irgendwie. Bei der kann man noch eine Spur Verständnis aufbringen«, ergänzt Lou.

»Wie ging es eigentlich mit ihr weiter?«, möchte Eloise wissen.

»Unschön. Sie treibt ihren zweiten Mann an, die Hand nach der Königswürde auszustrecken. Der reist deswegen als Bittsteller zu Caligula nach Rom. Doch statt ihm eine

Krone aufzusetzen, setzt der Kaiser ihn als Tetrarchen ab und schickt ihn ins Exil, samt seiner Frau. Beide enden in der Verbannung. Nun, wie seht ihr das – was wäre hier der Grund für die Rache der Herodias an dem Täufer?«, frage ich.

»Vielschichtig, vielschichtig«, murmelt Eloise. »Die Frau ist ehrgeizig und gierig, deswegen verführt sie den Halbbruder ihres ersten Mannes, weil der offenbar über ein größeres Gebiet herrscht. Dafür setzt sie ihre Sexualität als Waffe ein, hat aber wenig anderes zu bieten, deswegen erträgt sie die Anprangerung, also die Enthüllung ihrer wahren Persönlichkeit, durch den Täufer nicht und benutzt die erstbeste Gelegenheit, ihn umbringen zu lassen. Da stimmt schon mal die Selbstwahrnehmung nicht mit der Realität überein …«

»Zudem missbraucht sie rücksichtslos ihre Tochter, die, in aller Unschuld noch, einen erotisierenden Tanz aufführt und sich ihrer Wirkung auf Männer kaum bewusst ist. Sie vergewaltigt sie seelisch. Das Kind weiß ja nicht mal, was es sich von einem Mann wünschen könnte. Sie ist noch voll auf die Mutter fixiert. Herodias hatte wohl noch nie was vom Kindeswohl und von Sorgfaltspflicht gehört«, erläutert Esther.

»Sie benutzt also nicht nur Männer für das Erreichen eigener Ziele. Sie manipuliert auch die eigene Tochter, um sich an einem Mann rächen zu können, der ihr ein unschönes Spiegelbild ihrer selbst vorgehalten hat … Das konnte sie nicht ertragen. Sie war sich ihrer Macht über Männer allzu sicher«, meint Lou.

»Und war deswegen umso angreifbarer, wenn einer nicht so auf sie reagierte, wie sie es wollte, wie sie es gewohnt war. Da kamen all ihre narzisstischen Defizite, die innere Unsicherheit zum Vorschein. Der Täufer hat ihr wahres Inneres ihr und den anderen vorgeführt. Damit konnte sie nicht umgehen«, sage ich.

»Wäre sie als Mann geboren worden, wäre Herodias wahrscheinlich zufriedener gewesen. Sie hätte sich nicht vom einen zum anderen hochangeln beziehungsweise hochschlafen müssen«, meint Eloise spitz.

»War da nicht noch was mit ihrem Bruder, der es weiter brachte als der eigene Ehemann, als Herodes?«, fragt Esther.

»Doch, ja, Agrippa«, sage ich. »Der war zwar eine ziemliche Flasche, aber ein begnadeter Netzwerker, und hatte von Caligula die Königswürde und die Herrschaft über Judäa erhalten. Wahrscheinlich während eines lustigen Saufgelages.«

»Aha. Und deswegen musste dann Herodes ebenfalls nach Rom pilgern, dabei war er wahrscheinlich ganz zufrieden als Tetrarch. Doch so ein kleiner Fürst war nicht mehr genug für die gierige Ehefrau, sie wollte für ihren Mann auch ein Königskrönchen. Pech für sie, der Schuss ging in den Ofen. Nachträglich muss sie ihn total verabscheut und verachtet haben«, nickt Lou verständnisvoll.

»Manntje, Manntje, Timpe Te,
Buttje, Buttje in der See,
myne Fru, de Ilsebill,
will nich so, as ik will«, summt Eloise vor sich hin. Wir starren sie an und beginnen dann zu lachen.

»Du hast vollkommen recht, Eloise!«, sagt Esther. »Das ist für viele Frauen auch heute noch eine absolut zutreffende Parabel, dieses Märchen der Brüder Grimm über eine Fischersgattin, die hoch hinaus will, dafür ihren Mann immer mehr antreibt und demütigt, bis sie schließlich wieder dort landet, wo sie herkam.«

»In 'n Pissputt«, schmunzelt Eloise.

»Was? Wo?«, fragt Lou entgeistert.

»Das ist Plattdeutsch und bedeutet eine kleine, mickrige Hütte«, erklärt Esther.

»Aha. Ich bin halt ein gutes Stück jünger als ihr«, mault Lou.

»Lies das Märchen, es ist und bleibt aktuell in seiner Aussage«, erwidere ich. »Nur ganz kurz: Ein einfacher Fischer wirft seinen Fang, einen Butt, ins Wasser zurück, nachdem dieser ihm gesagt hat, er sei eigentlich ein verwunschener Prinz. Der Mann macht das gerne, geht nach Hause, eben in den Pissput, und erzählt seiner Frau davon. Die ist eh unzufrieden mit ihm und ihrem Leben und findet, dieser Fisch oder Prinz schulde ihrem Mann nun etwas dafür, dass er nicht getötet wurde, und er, der Mann, solle nun die Belohnung einfordern gehen. Sie wolle eine schönere Hütte.

Der Mann macht das zwar höchst ungern, hütet sich aber vor Streitigkeiten, denn er fürchtet seine Frau. Er wandert also brav an die See und ruft den Fisch mit diesem ›Manntje, Manntje, Timpe Te, Buttje, Buttje in der See…‹ herbei. Der Fisch will wissen, was die Frau denn will, hört das von der größeren Hütte, sagt dann dem Fischer, da sei die Frau schon, und verschwindet wieder in den Fluten. Natürlich eskaliert die Geschichte. Die Frau will nach und nach die ganze soziale Leiter hochklettern, bis sie schließlich als Königin im Schloss, dann als Päpstin im Dom sitzt.

Bei all den wiederholten Bittgängen verdüstert sich das Wetter zusehends, die See grollt, der Fisch wird größer und auch bedrohlicher – und trotzdem fürchtet der Fischer den Zorn seiner Frau noch immer mehr als all das Geschehen. Als sie schließlich völlig größenwahnsinnig geworden ist und sogar Gott sein will, sagt der Butt dem vor Angst schlotternden Fischer nur…«

»Ga man hen. Se sitt all weder in 'n Pissputt!«, ergänzt Eloise fröhlich.

»Gefällt mir«, sagt Lou. »Da kenne ich einige Frauen, sogar aus meiner Generation, die immer noch finden, der Mann habe in erster Linie Versorger und Wünschelrutenträger zu sein. Die sollten diese Geschichte auch mal lesen oder hören. Ich meine, gleiche Rechte, aber auch gleiche Pflichten gehören zu einer guten Beziehung, das ist doch inzwischen ein alter Hut. Stellt euch vor, dieser Fischer hätte Kinder gehabt, bei der Frau. Aber hallo! Die hätte nichts anderes zu tun gehabt, als ihn vor den Kindern als Versager und Schlappschwanz zu verunglimpfen, selber aber nichts gemacht, sich nur weiter von ihm versorgen lassen.«

»Mir scheint, dass sowohl Jason als auch Herodes und der Fischer irgendwie doch nur Schlappschwänze waren, wie so andere Männer auch, die sich von ihren Weibern führen ließen, bis es ihnen zu viel oder zu wenig wurde oder sie selbst in irgendeiner Form entsorgt wurden. Reine Beziehungsopfer, die meiner Ansicht nach aber kein Mitleid verdienen. Bei den Frauen hätten wir also wieder das Muster der frustrierten und von ihren Männern enttäuschten Weiber, nicht wahr?«, meint Eloise.

»Oder die einfach blindlings dem vermeintlich starken Mann vertraut haben, die naiv davon ausgegangen sind, dass die Welt in Ordnung ist, und plötzlich bricht alles über sie herein. Das wäre meine Anti-Schlappschwanz-These«, bringe ich ein.

»Ein Vaterkomplex?«, fragt Esther. »Möglich. Diese Frauen suchen in jedem Mann den Vater, den sie nie hatten und der ihnen nun jeden Wunsch erfüllen soll. Wenn dann ein Mann entsprechend auftritt, glauben sie sich am Ziel, sind dann aber unendlich frustriert, wenn er doch Schwäche zeigt.«

»Meinst du damit Jasons Untreue, Herodes' leichte Verführbarkeit und die Furcht des Fischers vor seiner Frau?«, fragt Lou. »Die Männer ticken einfach nicht rund, scheint mir. Entweder sind sie Machos oder dann Blindschleichen. Dazwischen gibt es kaum was, oder?«

»Wenn der Mann diesen Vaterkomplex seiner Frau nicht erkennt und sich einfach darum bemüht, ihr zu gefallen, wird er logischerweise zunehmend in eine Versagerrolle rutschen. Er fühlt sich als ihr Helfer, vielleicht sogar als ihr Retter, er meint es gut, so gut, dass er direkt unterwürfig wird – und im Gegenzug beginnt sie, ihn als Mann zu verachten. Er hat sie irgendwie enttäuscht, ohne dass sie hinreichend selbstkritische Erkenntnis besitzt, um sich und den wahren Ursachen ihres Frusts nachzugehen.«

»Nimmst du jetzt diese Racheweiber etwa in Schutz?«, empört sich Lou. »Weiber, die ohne Weiteres über Leichen gehen?«

»Nein«, erwidere ich. »Aber ich versuche, alle möglichen Motive zu durchleuchten. Warum Frauen ihren Ex derart hassen können, dass ihnen das Wohlergehen der eigenen Kinder schnuppe wird. Lest dafür schon mal die ›Eingeschobenen Fragen an einen Trennungsvater‹. Es betrifft den Fall Michael V. Der stammt weder aus einer griechischen Sage noch aus einer biblischen Tragödie, der ist hochaktuell. Mütterlicher Missbrauch von Kinderseelen ... und so ziemlich passive, überforderte Behörden plus wenig ernst zu nehmende Gutachten. Eine echt miese, miese Geschichte. Deswegen kommt sie auch erst am Schluss meines Buches.«

»Werde ich anschließend schlecht schlafen?«, fragt Lou. Ich nicke nur.

»Was geschah eigentlich später mit Salomé? Ich glaube, in der Bibel steht da nichts, oder doch? Das arme Kind müsste heutzutage dringendst in eine Therapie geschickt werden«, fragt Esther noch mitfühlend.

»Da hätte die Mama niemals eingewilligt. Das hätte dem Kind ja die Augen öffnen können bezüglich der wahren Natur ihrer angeblich ›sie doch so liebenden Mutter‹. Narzisstisch eingefärbte Mütter schätzen es gar nicht, wenn die von ihnen kontrollierten Familiensysteme auffliegen«, bemerkt Lou trocken.

»Bezüglich Salomé habe ich bei dem Theologen Rainer Metzner in seinem Buch *Die Prominenten im Neuen Testament* eine Legende gefunden, die besagt, dass sie, etliche Jahre und zwei Ehen später, in einem von Eis bedeckten Fluss versinkt. Ihre Mutter will sie retten, hält aber beim Rausziehen der Tochter nur noch deren blutenden Kopf in den Händen, der von den scharfen Eiskanten vom Körper abgetrennt wurde. So wird Herodias nachträglich an den Tod von Johannes dem Täufer erinnert und mit dem fürchterlichen Ende ihrer Tochter dafür bestraft.«

»Und damit auch für die psychische Vergewaltigung der eigenen Tochter«, fügt Esther hinzu.

»Wehe, wenn narzisstisch defizitäre Frauen sich irgendwie infrage gestellt fühlen ... Erst noch von Männern, die ihnen irgendwie wichtig sind. Das verzeihen die nie. Da ist Rache gewiss. Und wenn sie deswegen das Leben ihrer Kinder versauen müssen«, sagt Eloise böse.

»Oder diese gar umbringen. So wie Medea«, sagt Lou. Medea hat es ihr angetan.

»Ach, wenigstens siegte bei Salomé die Moral«, seufzt Esther zufrieden. »Sag mal, wovon handelt denn dein nächstes Buch?«

# Eingeschobene Fragen an einen Trennungsvater (Michael V.)

Michael V., 50-jährig, Architekt
Trennung 2009
Zwei Söhne, Mathias damals fünf, Tom zwei Jahre alt

*Gibt es in Fällen von weiblichen Rachefeldzügen irgendwelche erkennbaren gemeinsamen Muster in den vorgängigen Beziehungen oder in der Art des Beziehungsendes? Haben Sie da persönliche Erfahrungen?*

M. V.: Ich selbst erlebe seit Jahren ein Beziehungsende, das sich nur mit einem der übelsten Horrorfilme vergleichen lässt. Seit 2009 erwarte ich die Scheidung, die meine Noch-Ehefrau aber ständig verzögert, obwohl die Initiative zur Trennung – nach 20 Ehejahren! – von ihr kam. Seither betreibt sie systematischen Rufmord. Aus Rachegründen? Wenn ja, Rache wofür? Sie hat mich bei der Kindergärtnerin, Lehrerin und den Eltern der Schulkameraden meines Ältesten als pädophilen und gewalttätigen Vater beschrieben, sie verschickt entsprechende Schreiben an meine Freunde, an Behörden, an Gott und die Welt. Ihr Vater, also mein Noch-Schwiegervater, nützt seinen Einfluss als prominenter Mann, um unter anderem einem bekannten Verein, dem ich zugehörig bin, schriftlich nahezulegen, mich »Sauhund« ja auszuschließen.

Die Kindsmutter erklärt unseren Söhnen, dass ich sie eigentlich nie haben wollte, sie aber nun (miss-)brauche, um nicht einsam zu sein. Sie überlässt mir die Pässe der Kinder nicht, damit ich mit ihnen nicht in den Urlaub fahren kann. Mithilfe ihrer Anwältin und der Kinderanwältin konstruiert sie fortwährend neue Beschuldigungen, welche einmal eine strafrechtliche Untersuchung zur Folge hatten samt einer Haus- und Computerdurchsuchung und viele peinliche Verhöre bezüglich einer angeblichen sexuellen Vorliebe für Kinder. Die Kindsmutter behauptet nach wie vor, ich würde meine Jungs wiederholt sexuell missbrauchen, sie auch anal penetrieren. Mathias wurde bei der strafrechtlichen Untersuchung danach befragt und sagte vor der Kriminalpolizei und der Kinderschutzgruppe des Inselspitals aus, dass er das so habe behaupten müssen, sonst hätte seine Mutter ihn nicht zu Bett gehen lassen …
Natürlich wurde nichts strafrechtlich Relevantes gefunden, und die Staatsanwältin und der Gerichtspräsident wurden entsprechend informiert. Die Polizei war sehr höflich und meinte noch entschuldigend, es handle sich hier wohl um reine Schikane, deshalb die falschen Beschuldigungen. Im August 2012 wurden endlich alle Verfahren gegen mich eingestellt und ich somit vollumfänglich rehabilitiert.

Aber nichts scheint die Kindsmutter zur Vernunft zu bringen. Bis heute versucht sie weiterhin, ohne je auf das Kindeswohl zu achten, Beweise zu konstruieren, die mich als Pädophilen überführen sollen. So veranlasste sie die Kinderärztin, diverse Untersuchungen am Anus meiner Söhne vorzunehmen, nachdem eine von ihr beauftragte Kinderpsychologin überzeugt war, auf einem Foto Rötungen an einem der Kinderpopos erkannt zu haben. Eine Rötung, die angeblich auf Penetration zurückzuführen sei, und zwar vom Kindsvater … Übrigens Fotos, die sie selbst gemacht hatte. Meine Söhne hatten ihr und anderen zugezogenen Personen wiederholt das Gesäß präsentieren müssen, damit sie drauflosknipsen konnte.

Zudem musste das Inselspital Bern auch noch einen Drogentest durchführen, weil laut ihrer psychologischen Diagnose meine Buben »ungewöhnlich zuvorkommend seien«. Womit wohl zuvorkommend? Mit dem Sich-Bücken und den Hintern dieser sogenannten Kinderpsychologin präsentieren? Mir wird deswegen noch immer übel. Die Kinderärztin widerlegte jeglichen Verdacht auf Penetration und weigert sich seitdem, weitere Untersuchungen auf Geheiß der Kindsmutter vorzunehmen.

Vor wenigen Monaten zog ich nach H., einer kleinen Dorfgemeinde. Noch vor der offiziellen Anmeldung bei der Gemeinde wurde ich zu einem Gespräch geladen, weil ein (wieder mal) anonymer, mich diffamierender Brief an den

Gemeindepräsidenten gelangte, mit der Information zu meinen Strafverfahren, mitsamt Belegen. Natürlich ohne den mit der Verfügung der Staatsanwaltschaft am 16. August 2012, dass sämtliche Strafverfolgungen eingestellt wurden und ich somit rehabilitiert bin. Die Überschrift lautete: »Wollen Sie so einen Bürger in H.…« Prompt teilte die Hausverwaltung mir und meiner Lebensgefährtin unmittelbar nach unserem Einzug mit, dass die Eigentümerschaft den Mietvertrag schnellstmöglich wieder auflösen will. Wir stehen bald auf der Straße, der Rufmord eilt mir sogar voraus.

*Welche Rollen spielen die eventuellen Nachfolgebeziehungen, sprich der neue Partner der Frau beziehungsweise die neue Partnerin des Mannes?*

M. V.: In meinem Fall die Tatsache, dass der Partner meiner Noch-Frau sich meinen Kindern als »Vater« empfiehlt und sich der Aufhetzerei und dem Kampf der Kindsmutter gegen mich angeschlossen hat. Er ist ein zusätzlicher Verstärker dieser bitterbösen, nicht enden wollenden Situation. So hat er eindeutig belastende Aussagen gegen mich gemacht. Er sagte laut Polizeiprotokoll und den Gutachten, dass er sich gut vorstellen könne, dass ich meine Buben sexuell missbrauche. Mein ältester Sohn hingegen bekannte in der Videoaufnahme der Polizei, dass der Partner seiner Mutter ein böser und strenger Mann sei, vor dem er sich fürchte. Ich selbst hatte das große Glück, eine wunderbare Partnerin zu finden, die trotz allen jahrelangen Anfeindungen von außen stets zu mir hielt und mich in all meinen Bemühungen um meine Söhne versteht und unterstützt. Sie hat es nicht leicht, denn auch ihr wird das Leben unter solchen Umständen schwer gemacht. Trotzdem konnten wir eine kleine harmonische Familie aufbauen mit einem gemeinsamen Kind. Es fehlen nur noch meine Buben zu meinem Glück.

*Könnte es sein, dass die betroffenen Männer ihre Beziehung zum Kind erst dann wirklich spüren, wenn sie darum kämpfen müssen? Wie haben Sie das erlebt?*

M. V.: Bei mir garantiert nicht! Ich selbst stamme aus keiner glücklichen Herkunftsfamilie und habe mir stets vorgenommen, meinen Kindern ein wirklich verfügbarer und verantwortungsbewusster Vater zu sein. Somit habe ich zu meinen Buben immer eine enge Beziehung gehabt und diese entsprechend bewusst gestaltet. Durch meine selbstständige Tätigkeit als Architekt war es für mich einfach, diese Nähe tagtäglich zu pflegen. Dies sehr zum Missfallen der Mutter, welche mir bei jeder Gelegenheit vorwarf, dass ich diese innige Beziehung zu den Buben nur brauche, weil ich mich einsam fühle, und deswegen die Kinder in ein Abhängigkeitsverhältnis manövrieren wolle.

*Wenn das Kindeswohl ganz offensichtlich im elterlichen Konflikt zermalmt wird: Warum lassen Männer dann nicht los, ganz im Sinne einer Eindeutigkeit? Also das Kind besser bei der Mutter lassen, als eine Zerrissenheit zwischen Mutter und Vater zu riskieren? Salomonisch …*

M.V.: Was kann ich da sagen? Mir sind sowieso die Hände gebunden. Meine kleinen Söhne wurden von uneinsichtigen Behörden in ein Heim getan, sie dürfen nicht zu mir kommen. Dabei wäre es doch meine väterliche Pflicht, den Buben eine geschützte und glückliche Kindheit und Jugend zu bieten. Sie müssen doch endlich zur Ruhe kommen dürfen nach all diesen fürchterlichen Sachen. Ich werde keinesfalls lockerlassen, um sie kämpfen, muss aber stets höllisch aufpassen, niemandem auf die Zehen zu treten, der rechtlich irgendwas mit dem Wohl meiner Kinder zu tun haben könnte. Ganz klar will ich das alleinige Sorgerecht. Ich bin dazu in der Lage, was auch aktenkundig belegt ist. Die Kindsmutter scheidet aus.
Alle wissen inzwischen, dass kein einziger der von ihr gegen mich erhobenen Beschuldigungen und Vorwürfe der Wahrheit entspricht. Aber keine Fachperson, weder juristischer, pädagogischer noch psychologischer Art, konnte mir bislang raten, was ich tun kann, damit die Kinder endlich aus dem Heim kommen. Geschweige denn mir sagen, was ich im Vorfeld hätte tun können, damit es nicht so weit kommen konnte. Mich vor vielen Jahren nicht mit dieser Frau, mit der Kindsmutter, einlassen? Dann hätte ich meine

Söhne nicht, die ich von Herzen liebe und mit denen ich tagtäglich leide.

*Wenn emotionale Gesichtspunkte völlig außer Acht gelassen würden: Gäbe es Ihrer Erfahrung nach bei einem sich abzeichnenden Trennungskrieg einen generellen Weg, der für den Mann juristisch, organisatorisch und finanziell am wenigsten aufwendig wäre? Hätten Sie da einen Rat für andere betroffene Väter?*

M.V.: Hier tut guter Rat not! Es liegt doch alles am Rollenbild, das die Gesellschaft von uns Männern hat. Ein Vater sollte doch endlich als vollwertiger Elternteil angesehen und entsprechend gleichberechtigt behandelt werden. Dann würden Unsummen an Gerichtskosten und sonstigem Aufwand gespart. Die gesamte Scheidungsindustrie ist längst zu einer hohlen und kostspieligen Blase geworden, in der sich eine Menge total unqualifizierter Fachkräfte aufplustern können, sehr zum Schaden des Kindeswohls und dem des Portemonnaies der Steuerzahler. Bei den Behörden weiß doch die eine Hand nicht, was die andere tut! Wir Väter sollten kämpfen für eine Gleichstellung mit den Kindesmüttern und den Mut haben, notfalls auf die Barrikaden zu steigen, Demos zu veranstalten, Krach zu schlagen. Das aber nicht erst, wenn eine Trennung sich anbahnt!

*Gibt es bei Männern so etwas wie diverse Phasen im Krieg um die Kinder? Etwa wie: Schuldgefühle – Unverständnis – Widerstand – Angriff – Fassungslosigkeit – Resignation – Trauer – Heimlichkeit – Verdrängung? Wie war es bei Ihnen?*

M. V.: Diese Phasen sind mir allesamt bekannt, bis auf die der Resignation. Nur versuche ich stets, diese Zeiten als Folge äußerer Einflüsse zu betrachten, um mich nicht allzu sehr deprimieren zu lassen. Schließlich habe ich inzwischen auch noch die Verantwortung für meine neue Beziehung und das gemeinsame Kind. Im Gesamten kann ich ja immer wieder erkennen, dass es sich bei den Angriffen auf meine Vaterrolle und letztlich eben auch auf meine Person um gezielt rufschädigende und ehrverletzende Aktionen der Kindsmutter, deren Eltern und ihrer sonstigen Helferclique handelt. Ich selbst bemühe mich nach wie vor um eine aufrechte Haltung und konzentriere mich auf meine eigentlichen Aufgaben als verantwortungsbewusster Vater, so eingeengt mein Handlungsspielraum nun mal ist.

Zusätzlich belastend ist dabei der Umstand, dass es den Schweizer Behörden noch immer nicht möglich ist, mich in meiner Rolle als Vater mitsamt all meinen diesbezüglichen Leistungen anzuerkennen und konkret zu berücksichtigen. Damit meine ich: meine Kinder aus dem Heim zu entlassen und mir das alleinige Sorgerecht zu übergeben. Das führt bei mir immer wieder zu Unverständnis und Fassungslosigkeit, ja sogar Wut gegenüber gewissen, eigentlich hochgelobten Fachpersonen. Eine reine Verdrängung hingegen käme für mich der Resignation gleich, und diese will und kann ich nicht zulassen. Ich kämpfe auf jeden Fall weiter.

*Wie lernfähig sind alleine schon mal die Männer? Wiederholen sich negative Beziehungs- und Konfliktmuster in deren Nachfolgebeziehungen? Welches ist Ihre Einschätzung beziehungsweise Erfahrung?*

M. V.: Meine Lebenspartnerin und ich haben unsere jeweiligen negativen Beziehungsmuster immer wieder diskutiert, weil wir uns bewusst sind, dass diese nach wie vor greifen können. Gestützt auf unsere bisherigen Erfahrungen ist es uns wichtig, uns stets darüber auszutauschen, auch wenn es unbequem ist. Auf diese Weise hoffen wir, das Negative daran allmählich löschen zu können und durch Neues und Konstruktives zu ersetzen. Natürlich kommt es immer wieder zu Triggern, die sich aus allerlei Begebenheiten und alltäglichen Situationen ergeben. Anna und ich haben aber fest vereinbart, dass, sobald einer von uns wieder auf einen solchen Trigger reagiert, der einen Konflikt auslöst, der andere ihn möglichst wertfrei darauf anspricht und wir die Situation gemeinsam bereinigen.

*Meinen Sie, dass sich professionell Beteiligte (Mitarbeitende von Vormundschaftsbehörden und Jugendämtern wie auch Anwälte, Richter, Psychologen, Sozialarbeiter etc.) eher konfliktschürend denn konstruktiv auswirken können? Verfügen Sie da über persönliche Erfahrungen, beziehungsweise hätten Sie Ratschläge?*

M. V.: Diese Behörden geben sich als allwissende Fachstellen und sprengen dabei den Rahmen dessen, wofür sie eigentlich eingesetzt wurden: die Wahrung des Kindeswohls! Immer wieder werden neue und neunmalkluge Ansätze und Regelungen versucht, welche in meinem Fall noch nie zu einer Entspannung des Konflikts führten. Was ist das für ein System, das meine Buben fremdplatziert? Wie Waisenkinder müssen sie in einem Heilsarmee-Heim leben. Dort werden ihre Telefonate mit mir von einer Betreuungsperson mitgehört, meine Kinder flüstern jeweils nur ganz leise, in der Hoffnung, dass man sie nicht hört, wenn sie traurig sind, sich bei mir beklagen möchten. Was sind das für Zustände?
Was überhaupt veranstalten die Behörden mit meinen Kindern und deren Psyche? Dieses Erleben in frühen Jahren prägt doch ihr gesamtes weiteres Leben. Mit Kindeswohl hat all das rein gar nichts zu tun – ganz im Gegenteil. Während ich als Kindsvater da macht- und tatenlos zuschauen muss.

Zwei amtliche Gutachten bestätigen, dass bei der Kindsmutter die Sorgerechtskriterien nicht erfüllt sind, sie zudem im Unrecht ist mit ihren ständigen Versuchen, mich zu kriminalisieren. Mir hingegen wird attestiert, dass ich ein verantwortungsbewusster Vater mit erzieherischem Geschick bin – und im selben Atemzug erklärt, warum ich meine beiden Söhne doch nicht bei mir, bei uns haben darf. Ich verstehe die Welt nicht mehr! Die Katze beißt sich in den Schwanz, meine Kinder bleiben im Heim, und mir zerreißt es jedes Mal das Herz, wenn ich sie nach den Besuchstagen wieder dort abliefern muss.

Mir als Vater ist es überaus wichtig, dass Mathias und Tom einmal wissen werden, dass ich ihren Heimaufenthalt weder unterstützt noch gebilligt habe. Sie sollen selbst die Wahrheit nachlesen können, denn alles ist aktenkundig – dafür haben mein unermüdlicher Anwalt und ich gesorgt. Sie sollen auch wissen, dass ich mich stets an sämtliche Abmachungen und Anordnungen der Behörden gehalten habe, so widersinnig die mir auch schienen, ihnen nie die Mama vorenthalten habe und dass ich die Einbußen, die mir durch die abscheulichen Anschuldigungen besagter Mama und deren näherem Umfeld entstanden sind, dank der Liebe und Unterstützung meiner jetzigen Lebensgefährtin einigermaßen unbeschadet überstehen konnte.

*Wie schätzen Sie die Rechtsentwicklung rund um das Scheidungs- und Sorgerecht ein? Gibt es Ihrer Meinung nach klar definierbare Bestimmungen, welche zu besonders unschönen*

*Situationen bezüglich des Kindeswohls führen? Und wenn ja, welche?*

M.V.: Die Einführung des gemeinsamen Sorgerechts alleine auf dem Papier bringt nichts, aber auch gar nichts. Es wird nur mehr darüber gesprochen und bestimmte Situationen sogar aufgeheizt. Wenn die Kindsmutter den Vater aussperren will, hat der nach wie vor kaum reelle Chancen. Sie braucht ja nur irgendwelche Anschuldigungen vorzubringen, denen die Behörden dann pflichtschuldigst nachgehen müssen. Wir Männer sind ganz klar benachteiligt und tragen das Etikett, potenzielle Missetäter zu sein.
Selbst wenn aktenkundig wird, dass die Mutter sich nicht mit dem nötigen Einsatz den Kindern widmet, diese ständig gegen den Vater aufhetzt, bleibt es Usus, ihr die Kinder zuzuteilen. Dadurch kann ein Mann praktisch lebenslang gezwungen werden, hinreichend Geld zu verdienen, damit er den benötigten finanziellen Unterhalt für Frau und Kind liefern kann. Wir in der Schweiz sagen dazu Abzocken. Eine Mutter kann auch hier das Kind als Druck- und Machtinstrument missbrauchen und aus egoistischen und gehässigen Gründen den Kontakt zum Vater sabotieren. Das ist die traurige Realität!

Hier ein mir zur Verfügung gestellter Auszug aus einem ziemlich verwirrenden Gutachten der Kantonalen Erziehungsberatung Bern zum Sorgerechtsstreit von Michael V. (alle Namen wurden verfremdet):

## Gutachten der Kantonalen Erziehungsberatung Bern (Auszug)

[…] Unter den beschriebenen Umständen ist eine Zuteilung der elterlichen Sorge und Obhut an Frau V. zum jetzigen Zeitpunkt nicht möglich. Solange die Kindsmutter sich nicht von ihrer überwertigen Idee und von ihrer negativen Sichtweise der Persönlichkeit des Kindsvaters distanzieren kann, muss davon ausgegangen werden, dass sie die Kinder Mathias und Tom weiterhin instrumentalisiert, indem sie ihnen ihre negative, kriminalisierende Sichtweise des KVs durch ihr invasives Verhalten (Befragungen, Videoaufnahmen, Fotografien, ärztliche Untersuchungen etc.) aufdrängt und die Kinder unter dieser induzierten Sichtweise gar nicht in der Lage sein werden, ein eigenes, erlebnisbasierendes Vaterbild zu entwickeln und ihre empfundene Beziehung zum Vater unbelastet zu leben.

Solange die KM dem KV niederträchtiges, kriminelles und gewalttätiges Verhalten den Kindern gegenüber zuordnet, wird sie auch zukünftig alles daransetzen, ihn der verdächtigten Verhaltensweisen zu überführen, um die Kinder davor zu schützen, was zur Folge haben könnte, dass sie erneut versuchen wird, ihm die Kinder zu entziehen, das heißt, bei der Zuteilung der elterlichen Obhut an die KM, dem KV aufgrund ihrer Verdächtigungen das Besuchsrecht zu verweigern, respektive bei der Zuteilung der elterlichen Obhut an den KV, die Kinder zurückzubehalten. Somit sind bei der KM zentrale elternzentrierte Sorgerechtskriterien nicht erfüllt. Nämlich: das elterliche Feinfühligkeitsverhalten und die Fähigkeit, kindliche Bedürfnisse und das kindliche Erleben wahrzunehmen, und damit die Wahrung der persönlichen Integrität der Kinder, die Gewährleistung von Kontinuität und Stabilität von Lebensbeziehungen, die Bindungstoleranz, im Sinne der Unterstützung des Kindes in einem unbelasteten Kontakt zum anderen Elternteil.

Aufgrund seiner persönlichen Voraussetzungen und der gegebenen erzieherischen Kompetenzen wäre eine Zuteilung der elterlichen Sorge und Obhut an Herrn V. grundsätzlich möglich.

Dem KV ist es trotz der massiven Anschuldigungen vonseiten der KM gelungen, den Kindern gegenüber die elterliche Verantwortung wahrzunehmen und seine persönlichen Bedürfnisse zugunsten der kindlichen Bedürfnisse zurückzustellen. So unterstützt der KV die Kinder auch während des Heimaufenthaltes durch seine gelebte positive Haltung der Institution gegenüber optimal. Bei den für alle Beteiligten emotional belastenden und anspruchsvollen Übergängen vor und nach den Besuchswochenenden und Ferien zeigt der KV im hohen Maße Feinfühligkeit und erzieherisches Geschick.

Bei der Rückkehr der Kinder in die elterliche Obhut des KVs zum jetzigen Zeitpunkt muss allerdings mit hoher Wahrscheinlichkeit damit gerechnet werden, dass die Kinder in den Status quo ante zurückkehren, das heißt, erneut ins Spannungsfeld des destruktiven elterlichen Konfliktes geraten mit allen für sie belastenden Folgeerscheinungen, da in der Elterndynamik noch keine Veränderungen zu beobachten sind.

Der verwendete Überbegriff des »elterlichen Konfliktes« muss hier insofern relativiert werden, als zumindest seit der Zeit, während der die Kinder in der Obhut des KVs gelebt haben, und auch aktuell seit der Fremdplatzierung die Kinder einseitig und auf gravierende Art und Weise durch das mütterliche Verhalten (Kriminalisierung des Kindsvaters, Involvieren der Kinder in ihr Ideensystem, Verletzung der kindlichen Integrität) belastet werden.

Weiter muss in Betracht gezogen werden, dass der KV, sollte der elterliche Konflikt chronifiziert anhalten, möglicherweise für seine Familie über die Zeit nur bedingt emotional verfügbar sein und/oder das familiäre System bei anhaltender Belastung einmal zusammenbrechen könnte.

Dies hätte zur Folge, dass Mathias und Tom unter Umständen wieder fremdplatziert und die Erfahrung des Verlustes des vertrauten familiären Umfeldes erneut machen müssten. Diese Entwicklung muss unter allen Umständen den Kindern erspart bleiben.

# Gespräch mit einer Juristin zum Fall Michael V.

Die Antworten von Michael V. und seine ganze Geschichte hatten mich echt erschüttert. Dieser Sorgerechtsstreit mit all seinen, vor allem für die Kinder katastrophalen Konsequenzen schien mir derart unbegreiflich, dass ich die Zürcher Juristin Maia Ernst um eine fachliche Einschätzung bat. Sie ist auch noch gemeindepolitisch aktiv und in eigener Praxis als Kinderanwältin, Mediatorin und Scheidungs- und Trennungsberaterin tätig.

Nicht unwichtig für unser Gespräch war mir, dass Maia Ernst seit Jahren und trotz Scheidung eine gute Beziehung zu ihrem Ex unterhält. Ihr schien es immer wichtig, dass der Vater im engen Kontakt zu den gemeinsamen Kindern bleibt und seiner Verantwortung stets nachkommt.

»Für mich war es von Anfang an entlastend zu wissen, dass ihm das Wohl unserer Töchter genauso am Herzen liegt wie mir und ich jederzeit auf seine Unterstützung und Mithilfe zählen kann. Es gab für mich nie eine Veranlassung, die gesamte Verantwortung der Erziehung unserer Töchter alleine tragen zu müssen oder gar zu wollen«, sagte sie gleich zu Anfang unseres Meetings.

Nachdem ich Maia Ernst den Fall Michael V. ausführlich geschildert und ihr eines der Gutachten vorgelegt hatte, war ihre erste Reaktion, dass sie davon ausgehe, er werde wohl irgendwann die Obhut – und allenfalls später auch das alleinige Sorgerecht – für seine Söhne erhalten. »Allerdings steht in den Sternen, wie lange dies dauert. Ich fürchte, dass weiterhin wertvolle Zeit vergehen wird, in der Matthias und Tom nicht mit ihrem Vater leben können und somit auch nicht vor den Übergriffen der Mutter geschützt sind.«

*Mir scheint, dass Trennungsväter im Allgemeinen die Verlierer sind. Stimmt mein Eindruck?*

M.E.: Die besseren Karten hat der Elternteil, der mit den Kindern zusammenlebt. Meistens ist das die Mutter. Manchmal empfehle ich deshalb den Vätern, selbst bei großen Ehekonflikten nicht aus der gemeinsamen Wohnung auszuziehen. Aber auch dann, wenn beide Eltern noch zusammen mit ihren Kindern leben und sich um die Zuteilung der Obhut oder des Sorgerechts streiten, haben Väter oft die schlechteren Karten. Aber immerhin sind sie dann noch mit den Kindern zusammen und haben eine Chance. Wird ausnahmsweise dem Vater die Obhut oder das Sorgerecht zugeteilt, dann zahlt die Mutter häufig keine oder nur niedrige Unterhaltsbeiträge. Dies ganz im Gegensatz zu den Vätern, was eigentlich dem in der Bundesverfassung verankerten Gleichbehandlungsgebot nicht entspricht.
Sollten die Kinder bei der Mutter leben, und ihr wird später die Erziehungsfähigkeit abgesprochen (was nur in extremen

Fällen vorkommt) und dann dem Vater zugesprochen, so kann es leider durchaus sein, dass die Kinder über Monate in einem Heim fremdplatziert werden.

*Dies, obwohl klar erwiesen ist, dass die Mutter nicht erziehungsfähig ist und die Kinder beim Vater besser aufgehoben wären?*

M. E.: Jawohl. Aus meiner Praxis weiß ich auch, dass Müttern, deren Erziehungsfähigkeit von Gutachtern und Behörden stark kritisiert wird und an der untersten noch vertretbaren Grenze liegt, der Obhutsentzug zwar angedroht, tatsächlich aber trotzdem nicht vollzogen wird. Dies selbst in dem Fall nicht, wenn diese Mütter über Jahre hinweg wiederholt alle Vorgaben der Behörden missachten und ganz offensichtlich den Kindern Schaden zufügen.

*Wie kann es überhaupt zu derartigen Missständen kommen?*

M. E.: Mein Eindruck ist, dass die Behörden oft nicht den Mut aufbringen, die vom Gesetzgeber vorgesehenen und wirksamen Maßnahmen durchzusetzen. In solchen Fällen tolerieren sie einfach den unglücklichen Zustand der Kinder bis zu deren Volljährigkeit. So werden griffige und tatsächlich durchsetzbare Sanktionen bei der bedauerlich häufigen Behinderung oder Verhinderung der Kontakte zwischen Vater und Kind von den dafür vorgesehenen Behörden (Vormundschaftsbehörden oder Gerichte) oftmals nicht angeordnet. Im Gegenteil!

So kann es durchaus vorkommen, dass der Kontakt zwischen Kind und Vater für mindestens ein Jahr völlig unterbunden wird mit dem Vermerk, »damit Ruhe ins System einkehrt«. Auf diese Weise wird ein Vater, der den Kontakt zu seinem Kind pflegen will, zum Täter gemacht, die Mutter geschützt und das Kind gestraft. Die Behörden verhalten sich in solchen Fällen nach dem Motto »Zeit heilt alle Wunden«, und die Zeche bezahlen die Kinder.

Unverständlich für mich ist auch, dass trotz einem Obhutsentzug der Mutter die Heimeinweisung der Kinder geprüft und häufig auch angeordnet wird. Dies, obwohl der Vater erziehungsfähig ist und gerne für die Kinder sorgen möchte. Solche Kinder leben in diesen Fällen für Monate in einem Heim, so wie die Kinder von Michael V. Dass dies den Kindern schadet, ist augenfällig.

*Ich sehe bei all dem keinerlei Ansätze für dieses viel zitierte »Kindeswohl«, und schon gar nicht bei einer Heimeinweisung. Für mich klingt dies eher nach nachhaltigem »Kindesschaden« in den wichtigsten, weil prägenden Jahren eines Menschen ... Wie sehen Sie das?*

M.E.: Die vorgezogene Lösung der Heimeinweisung und die Begründungen der Verweigerung sind auch für mich oft nicht verständlich. Meine Ansicht deckt sich mit der gesetzgeberischen Vorgabe, dass eine Heimeinweisung oder Fremdplatzierung eines Kindes erst dann zu prüfen ist, wenn beide Eltern absolut nicht in der Lage sind, selber für ihr Kind zu sorgen. Deshalb wird beim Tod einer allein sorgeberechtigten Mutter das Kind in der Regel ohne lange Abklärungen in die Obhut des Vaters gestellt. Hingegen wird bei einem Obhutsentzug der Mutter nur allzu oft eine Heimeinweisung ins Auge gefasst und auch durchgesetzt.

Die Begründung der Heimeinweisung ist häufig schlecht und kaum nachvollziehbar. Es wird argumentiert, dass ein Kind den (von der Mutter verteufelten) Vater nicht kennt und deshalb zu wenig oder kein Vertrauen zu ihm haben oder entwickeln konnte. Daher hat es vorerst – das heißt für Monate – im Heim zu leben. Wohl in der irrigen Annahme, dass dort die Vertrauensentwicklung zum abwesenden Vater schneller und besser vorangeht, als wenn es bei ihm wohnen würde … Da aber gemäß den Argumenten der Behörden eine Heimeinweisung nicht dem Kindeswohl entspricht, scheint es angebrachter, die Kinder bei der Mutter zu lassen. Es ist, als ob es den Vater gar nicht geben würde.

*Das klingt ja eher wie ein schlechter Witz als eine ernst zu nehmende Entscheidungsfindung seitens der zuständigen Behörden!*

M. E.: Unhaltbar finde ich auch die Begründung bei Michael V. Die Kinder sind seit über einem Jahr im Heim, weil sie nicht wieder in den von der Mutter zu verantwortenden, destruktiven elterlichen Konflikt geraten sollen. Dies – so wird im Gutachten ausgeführt – sei bereits während der Zeit, als die Kinder beim Vater lebten, so gewesen und nach wie vor auch aktuell. Selbst jetzt noch, wobei die Kinder doch im Heim leben. Darum wird auch befürchtet, dass Michael V., der Kindsvater, nicht in der Lage sein könne, über längere Zeit die psychische Belastung dieser anhaltenden Konfliktsituation auszuhalten.

*Gestützt auf diese, für mich als Psychologin absolut unhaltbare, zudem keineswegs logische Annahme, dürfen die Kinder also nicht bei ihrem Vater leben, der von derselben Behörde als erziehungsfähig bezeichnet wird?*

M.E.: Jawohl. Bei dieser Begründung sticht ins Auge, dass die Kinder und der Vater, wo immer die Kinder auch lebten, nicht geschützt wurden vor den unhaltbaren Angriffen der Mutter. Und dies auch in Zukunft offenbar nicht möglich scheint. Darum, so das Fazit, wird angenommen, der Vater könnte ein auch weiterhin mögliches destruktives Verhalten der Mutter nicht aushalten, das familiäre System könnte deshalb bei der anhaltenden Belastung erneut zusammenbrechen, was eine künftige Fremdplatzierung der Kinder wiederum nötig machen könnte. Mit anderen Worten: Weil die Behörde nicht fähig ist, die Mutter an ihrem destruktiven Verhalten zu hindern, müssen die Kinder im Heim leben.

Mich entsetzt immer wieder, dass die Behörden nicht den Mut haben, die in solchen Fällen notwendigen Entscheidungen zu fällen, wie vorliegend ein vorübergehendes Kontaktverbot für die Mutter.

*Was ist mit all den Diffamierungen, die gegen Michael V. gestreut werden? Deswegen muss er samt seiner Lebensgefährtin und dem gemeinsamen Kind nach knapp zwei Monaten wieder aus einem Haus ausziehen. Kann er sich nicht gegen diese anonymen Anschuldigungen zur Wehr setzen? Klagen?*

M. E.: Unser Gesetz lässt die Kündigung einer Wohnung oder eines Hauses wegen Verleumdungen nicht zu. Faktisch ist es aber so, dass jemand durchaus seine Wohnung freiwillig kündigt, wenn er oder sie zuvor diffamiert wurde und falsche Anschuldigungen im Raum sind. Denn auch bei einer vollständigen Rehabilitation lösen sich die Anschuldigungen nicht einfach in Luft auf. Ich meine damit, dass falsche Anschuldigungen rechtlich zwar wirkungslos sein mögen, nicht aber tatsächlich, nicht im täglichen Leben in einer Gemeinschaft. Da kann ein Leben zur Hölle gemacht werden.

*Nach dem Sprichwort: »Wo Rauch ist, ist auch Feuer«?*

M. E.: Leider ja.

*Nicht nur im Fall von Michael V. wundere ich mich über die Gutachten, die da erstellt werden. Manchmal habe ich bei Sorgerechtsstreitigkeiten den Eindruck, dass letzten Endes diverse, mehr oder weniger qualifizierte Gutachter die Entscheidungen fällen, welche dann von den zuständigen Behörden blind übernommen werden. Trifft das zu?*

M.E.: Ja, die Gutachten haben eine enorme Bedeutung. Der Jurist ist nicht allwissend und nimmt daher – was ich auch richtig finde – die Hilfe der Spezialisten in Anspruch. Schlimm ist aber, dass die Gutachten teilweise wirklich nicht gut sind. In diesem Fall wäre eine Nachbesserung oder ein zweites Gutachten nötig. Dies braucht aber Zeit und Geld, weshalb fast immer darauf verzichtet wird. Eine Richterin oder ein Richter, die oder der sich über ein Gutachten hinwegsetzt, muss gute Gründe dafür nennen. Das ist schwierig und braucht Mut, da ihr oder ihm das nötige Fachwissen fehlt. Deshalb folgt sie oder er in den meisten Fällen dem Gutachten.

*Was wäre Ihr Vorschlag, damit in der Schweiz Sorgerechtsstreitigkeiten zügiger bearbeitet werden könnten?*

M.E.: Sorgerechts- und Besuchsrechtsstreitigkeiten sollten innerhalb weniger Tage in Angriff genommen werden. Dabei sollten die Familien eng begleitet werden. Nicht juristisches Wissen ist primär gefragt, sondern das Wissen, wie eine Familie funktioniert und welche Bedürfnisse die einzel-

nen Familienmitglieder haben. Kindeswohl ohne Elternwohl gibt es nicht. Es wäre zu begrüßen, wenn ein Fachgremium geschaffen würde, welches die Eltern zwingend aufsuchen müssen, wenn von dem einen oder anderen Familienmitglied dort um Hilfe ersucht wurde.
Aber auch ohne Fachgremium könnten die bestehenden Behörden eingreifen, sofern sie denn auch schwierige, hochstrittige Fälle umgehend bearbeiten würden. Das Gesetz erlaubt ihnen vielschichtige Maßnahmen. So müsste eine Nichtteilnahme an den eng terminierten Sitzungen oder ein Missachten der Vereinbarungen umgehende Konsequenzen haben. Auf diese Weise könnte verhindert werden, dass die familiären Konflikte über Monate und Jahre weiter bestehen und sich die Fronten zusätzlich verhärten.

*Und noch zum Schluss: Was würden Sie Trennungsvätern raten, die ähnlich wie Michael V. kaum vom Fleck kommen mit ihren Anliegen?*

M. E.: Eigentlich bin ich ratlos. Wahrscheinlich müssten sie bei den Behörden immer wieder Anträge schreiben und täglich nachfragen, wann sie mit welcher Entscheidung rechnen können. Irgendwann haben sie mit dieser Zermürbungstaktik vielleicht Erfolg ...
Ich persönlich frage mich immer wieder, ob all die Frauen und Männer auf den Ämtern sich nicht mehr an ihre Kindheit erinnern und deshalb auch nicht mehr wissen können,

wie lange ein einziger Tag für ein Kind sein kann, das ja ohnmächtig und völlig hilflos seinem Schicksal ausgeliefert ist.

*Danke für diese Einschätzung, Maia Ernst!*

# Wegweisende Merklisten für getrennte Eltern

Vielleicht konnten Sie all den Fallbeispielen und Gesprächen etwas entnehmen, das Ihnen dienlich sein kann oder Ihnen eine etwas andere Sicht der Dinge eröffnet. Ich würde es mir wünschen. Nicht nur für Sie, sondern eben auch für Ihr Kind. Kinder sind kostbar. Jedes Kind ist ein kleines Stück Hoffnung, ein Stück Zukunft. Jedes Kind verdient unser Allerbestes.

Wenn wir Eltern uns in Streitigkeiten auf der Paarebene verlieren, verlieren wir auch den Überblick, was wir eigentlich damit anrichten, was wir verbauen oder gar zerstören. Und sollten wir gar auseinandergehen, uns voneinander trennen, sollten wir das mit möglichst viel Anstand und gegenseitigem Respekt tun.

Wir sollten darauf achten, dass wir nicht das Gute zerstören, das uns einmal zueinandergeführt hat, an das wir vielleicht viele Jahre lang geglaubt haben. Wir sollten uns daran erinnern können, wie viel Liebe wir einmal füreinander verspürt haben. Liebe, die zu einem Kind führte.

Die Liebe ist erloschen, aus welchen Gründen auch immer. Wir haben einander verletzt, sind dabei immer mehr auseinandergedriftet, bis fast nichts mehr von all den guten, warmen Gefühlen übrig blieb. Aber wir haben ein gemeinsames

Kind, das in sich, in seiner Person unser Leben lang ein emotionaler Erinnerungsträger ist und bleiben wird.

Die Japaner haben einen alten Brauch: Wenn eine kostbare Vase oder Schale zu Bruch ging, fügen sie die einzelnen Bruchstücke mit Gold zusammen, so dass die Gefäße in ihrer Unvollkommenheit wieder vollkommen werden. Dem liegt der Glaube zugrunde, dass, wenn etwas mit Schaden behaftet ist, aber eine Geschichte hat, an Schönheit sogar noch gewinnen kann.

Versuchen wir also, uns im Fall einer Trennung an diesem japanischen Brauch zu orientieren. Zwar ist unsere Liebe zerbrochen, aber wir können die Beziehung, wenn auch andersartig, neu zusammenfügen, die Bruchstellen sogar vergolden. Das Gold wäre dann unser gemeinsames Kind, das uns trotz allem zusammenhält – weil es sein Bedürfnis ist und sein Anrecht auf uns Eltern als eine Ganzheit.

## Die Liste für die Mutter

Sie haben sich schließlich und endlich doch getrennt. Der Ablöseprozess dauerte lange. Es gab viel Wut und Tränen, harte und schmerzhafte Auseinandersetzungen folgten dicht aufeinander. Gelegentlich flackern sie noch immer auf. Sie aber wollen sich, in aller Bewusstheit, mit Ihrem Ex irgendwie arrangieren, und er sich auch mit Ihnen. Sie wissen, dass

Ihr Ex nach wie vor seine väterliche Verantwortung wahrnehmen will, dass er sein Kind aufrichtig liebt – und das Kind ihn.

Obwohl fast alles auf der Paarebene, also zwischen Ihrem Partner und Ihnen, gegen Ende nur noch bergab ging, wissen Sie doch, dass das Kind nicht nur Sie, sondern eben auch seinen Vater für eine gesunde sozialpsychische Entwicklung braucht. Sie bemühen sich also tapfer, Ihre Wut und Ihre Tränen von dem Kind fernzuhalten und schließen mit dem Ex einen vorerst oberflächlichen Waffenstillstand. Sie wissen, dass die Zeit Wunden heilen hilft und sogar aus erklärten Feinden irgendwann mal nette Grüßfuß-Bekannte werden können.

Beherzigen Sie als verantwortungsbewusste Mutter trotzdem folgende Punkte bezüglich der Eltern-Kind-Ebene, vor allem dann, wenn die Wut auf den Ex Sie wieder mal packt:

- Gemeinsames Sorgerecht hin oder her: Sie als Mutter haben die Obhut, das Aufenthaltsbestimmungsrecht erhalten und sitzen damit am längeren Hebel, was eine mögliche Beeinflussung des Kindes betrifft – sei diese nun im positiven oder im negativen Sinne. Sie haben die größere Verantwortung. Das klingt unfair, ist aber nicht zu ändern, außer Sie geben die Obhut ab.

- Gerade in den Augen eines noch kleinen Kindes spielt der Trennungsgrund keine Rolle, es erlebt bloß, dass seine geliebten Eltern nicht mehr zusammen leben wollen, und kann das keinesfalls verstehen. Hüten Sie sich also davor, die tatsächlichen Ursachen dieses Getrenntseins thematisieren zu wollen, denn diese entziehen sich völlig dem kindlichen Verständnis!
- Das kleine Kind erhebt *keinen* Anspruch auf die Wahrheit der Erwachsenen. Es ist (noch) befangen in sehr einfachen Gedankengängen und Schlussfolgerungen: Der Papa ist weg, schläft nicht mehr hier, heißt das jetzt, dass er mich nicht mehr liebhat? Beruhigen Sie Ihr Kind. Es wird heiß geliebt, nach wie vor. Vom Papa, der nun halt anderswo wohnt, wie von Ihnen.
- Erzählen Sie dem Kind also nicht, dass Ihr Ex Sie betrogen, Sie unglücklich gemacht hat, dass er längst eine andere hatte und deswegen ausgezogen ist. Oder dass Sie ihn nicht mehr liebten, inzwischen einen anderen, viel besseren und zuverlässigeren Partner gefunden haben und deswegen den sowieso ständig abwesenden Papa nicht mehr zum (Ehe-) Mann wollten.

- Was erzählen Sie also? Nun, zum Beispiel, dass Sie gemeinsam mit dem Papa beschlossen haben, eine Weile getrennt zu wohnen, weil die Wohnung/das Haus näher bei der Arbeitsstelle vom Papa oder von Ihnen ist, weil Sie schon immer mehr Platz wollten, weil es sich im Grünen befindet und einen Spielplatz hat, weil Sie oder der Papa sowieso in die Nähe der Großeltern/Onkel/Tanten/Freunde ziehen wollten, etc. Lassen Sie da ruhig Ihre Fantasie spielen, immer im Bewusstsein, dass ein kleines Kind Ihnen nur insoweit folgen kann, als die »Story« in seine noch eingeschränkte Wahrnehmung passt und nicht beunruhigend ist.
- Ihre »Lügen« dienen einem kleinen Kind in seinem Anpassungsprozess an seine neue Lebenssituation und nehmen ihm die ersten Ängste und Befürchtungen. Sein Vertrauen darf auf keinen Fall erschüttert werden, weder zu Ihnen noch zu seinem Vater. Schritt für Schritt wird es sich so mit den neuen Wohnverhältnissen abfinden, sich seelisch langsam umstellen können.
- Beim Papa hat Ihr Kind sein Zimmer, ähnlich eingerichtet wie das bei Ihnen, mit Kleidern, Wäsche und Spielsachen. Es ist dort ebenso zu Hause wie bei Ihnen. So muss es sein, das gehört zum »Kindes-

wohl«. Helfen Sie ihm jedes Mal, sein Köfferchen zu packen, und fügen Sie auch noch ein Geschenklein für den Papa hinzu (auch wenn es Sie innerlich dabei würgt). Ihr Kind soll sich freuen dürfen, denn es hat nun zwei Zuhause. Wow! Das ist cool, das haben seine Freunde nicht, die werden direkt neidisch sein …

- Sie bemühen sich, gemeinsam mit Ihrem Ex, um eine zumindest minimale Kommunikation. Sie lassen ihn nicht außen vor. Dann werden Sie bemerken dürfen, dass es sich für Sie lohnt: Er nimmt Ihnen Verantwortung ab, Sie werden entlastet, erhalten Auszeiten, die gesamte Erziehung wird lockerer und leichter. Gibt es denn einen besseren Babysitter als den Vater des Kindes?
- Schritt für Schritt wird Ihr Kind älter und damit verständiger. Da es nie in die Konflikte auf der Paarebene einbezogen wurde, musste es auch nie Partei ergreifen und dadurch einen Loyalitätskonflikt erleiden. Es vertraut Ihnen und seinem Vater nach wie vor. Es wird beginnen, komplexere Fragen zu stellen, die Sie, wiederum seinem Alter angemessen, beantworten werden. Irgendwann mal ist dann in aller Ruhe der spürbare Punkt erreicht, an dem Sie Klartext sagen können, dass sowohl Sie wie der

Papa lieber getrennt wohnen bleiben, also nicht mehr zusammenziehen werden. Dass das Leben Ihnen so besser gefällt.

- Und logischerweise erscheint bald einmal Ihr neuer Partner auf der Bildfläche, der aber nicht mit dem Papa konkurriert, weil der auch nicht dessen Stellung beansprucht.
- Den neuen Mann haben Sie klugerweise »häppchenweise« eingeführt: gemeinsames Mittagessen, zusammen spielen, miteinander spazieren gehen, Videos anschauen. Auf keinen Fall durfte er bei Ihnen übernachten, bevor das Kind sich an ihn gewöhnt und eine erste, vorsichtige Bindung aufgebaut hatte.
- Als goldene Regel werden Sie ständig berücksichtigen, dass Sie *nie* schlecht mit dem Kind über dessen Vater sprechen. Ihr Kind ist auf keinen Fall Ihr Komplize in Ihrer Wut, Trauer und Enttäuschung über die gescheiterte Beziehung. Sie wollen bei ihm doch keine frühen Beziehungsängste verursachen, nicht wahr?
- Sie respektieren stets seine Meinung zu seinem Vater, auch seine Schwierigkeiten mit ihm als das, was sie sind: ein eigenständiger Bezug von Kind zu Vater. Vielleicht federn Sie gewisse Probleme ein wenig ab,

das wäre gegebenenfalls sogar großmütig von Ihnen. Denn die Pubertät wird kommen und ist so oder so eine recht durchwachsene Zeit für alle. Für Vater, Mutter und Kind, ob nun als Familie zusammen lebend oder nicht.

- Je älter das Kind wird, umso präziser werden die Fragen zu Ihrer Beziehung mit dem Ex auftauchen. Auf die werden Sie immer offener antworten können, aber stets eingedenk der Tatsache, dass das Verständnis für die Paarebene erst dann sich einem Kind eröffnen kann, wenn es selbst eine solche Beziehung erlebt oder erlebt hat.
- Lassen Sie nie zu, dass dem Kind seine Kind-Eltern-Ebene torpediert wird, von niemandem! Denken Sie dabei an die Formel, dass Vater und Mutter als Eltern eine Einheit bilden und demzufolge für das Wohl des Kindes am selben Strick ziehen, so zerstritten sie auf der Paarebene auch gewesen sein mögen.

## Die Liste für den Vater

Sie haben sich schließlich und endlich getrennt. Der Ablöseprozess dauerte lange. Es gab viel Wut und Tränen, harte und schmerzhafte Auseinandersetzungen folgten dicht aufeinander. Gelegentlich flackern sie noch immer auf. Sie aber wollen sich, in aller Bewusstheit, mit Ihrer Ex irgendwie arrangieren, und diese sich hoffentlich auch mit Ihnen. Sie haben Ihrer Ex klargemacht, dass Sie gewillt sind, nach wie vor Ihre väterliche Verantwortung wahrzunehmen, eventuell sogar besser und nachdrücklicher als während der Beziehung.

Sie lieben Ihr Kind und würden nötigenfalls um Ihren Anteil am Sorge- und Umgangsrecht kämpfen. Natürlich hoffen Sie, dass dies nicht nötig sein wird, sondern dass Sie sich auf der Paarebene gütlich einigen können, wissend, dass es letzten Endes um das Wohl des Kindes geht, also um dessen Kind-Eltern-Ebene.

- Da Ihre Ex die Obhut hat, übernimmt sie auch einen Großteil der Erziehung. Das mag sie vielleicht gelegentlich ärgern, weil sie eventuell noch in den Resten der Beziehung mit Ihnen gefangen oder schlichtweg stockwütend auf Sie ist. Dann werden Sie verdächtigt, die bloße »Schokoladenseite« der Erziehung zu haben. Sie sind der Nichtstuer, der stets gelassene Verwöhnende, der mit dem Kind nach Eurodisney fährt, während sie sich mit dem Alltag, mit Hausaufgaben, Schulbesuchen, Krankheiten, Chauffeurdiensten, Veranstaltung von Kindergeburtstagen etc. abrackern muss. Die Ex ist entsprechend frustriert und lässt es an Ihnen aus. Damit tangiert sie gleichzeitig die Kind-Eltern-Ebene, also die Beziehung Ihres Kindes zu Ihnen.

- Hier braucht es nun mehr als Verständnis Ihrerseits, Lippenbekenntnisse genügen nicht. In aller Ernsthaftigkeit müssen Sie sich darum bemühen, den Löwenanteil an der Erziehung, den Ihre Ex hat, spürbar zu verkleinern. Aber ohne sie deswegen (eventuell wieder) infrage zu stellen!
- Erkundigen Sie sich rechtzeitig bezüglich schulischen Daten und Veranstaltungen. Verlangen Sie freundlich Einsicht in sämtliche Unterlagen, die Ihr gemeinsames Kind betreffen. Klären Sie Zeitfenster ab und sagen Sie, welche Verpflichtungen rund ums Kind Sie übernehmen können/wollen. Am einfachsten ist es, wenn Sie gemeinsame Wochen- und Monatsplanungen machen. Hüten Sie sich aber, Ihre Ex zu bevormunden! Denken Sie dabei daran, dass für den Alltag hauptsächlich sie zuständig ist und sie Ihnen das bei der geringsten Gelegenheit unter die Nase reiben wird.
- Spielen Sie für Ihr Kind nicht den Weihnachtsmann, das heißt, seien Sie nicht der, bei dem das Kind »alles darf«, und anschließend muss es wieder zurück zu

der einschränkenden, alles verbietenden Mutter, dieser Hexe! Prompt wird Ihre Ex wieder sauer auf Sie werden. Übrigens zu Recht! Denn Sie hätten in solch einem Fall Ihre Verantwortlichkeit als Vater und Erzieher nicht wahrgenommen. Auch bei Ihnen gibt es Regeln wie Tischmanieren, Hausaufgaben erledigen, Bettzeiten einhalten, Fernsehstopp berücksichtigen und Zähne putzen müssen.

- Für Sie wird das wahrscheinlich am schwierigsten zu verstehen sein, dass Ihr Kind eine Zeit lang zurückhaltend bis abweisend sein könnte. Aus dem einfachen Grund, dass es die Trauer oder Wut einer noch so kooperativen Ex und Mutter, bei der es eben die meiste Zeit verbringt, irgendwie doch mitkriegt und jetzt abtastet, ob Sie der Schuldige sind und wie Sie sich in Zukunft verhalten werden. Es prüft die Vertrauensbasis. Dem müssen Sie standhalten können und nicht Ihre Ex mit Vorwürfen überhäufen, sie gar der Vater-Kind-Entfremdung bezichtigen. Denn dann legen Sie die Lunte für einen völlig unnötigen kindlichen Loyalitätskonflikt dadurch, dass Sie die Paarebene strapazieren.
- Lesen Sie hierzu die Fallgeschichte zum sogenannten PAS (Parental Alienation Syndrome).

- Für Ihre Nachfolgebeziehung gilt dasselbe wie auf der Merkliste für Ihre Ex. Vorsicht – oder wie es im Jiddischen so schön heißt: gemach!
- Dito bezüglich der Trennungsstory, die Sie Ihrem Kind erzählen. Machen Sie mit Ihrer Ex ein »Wording« aus, damit Sie beide auch wirklich dasselbe sagen. Passen Sie dieses Wording jeweils dem Alter des Kindes an.
- Dito bezüglich der Zurückhaltung kritischer Bemerkungen zu der gescheiterten Paarbeziehung und/oder der Ex.
- Dito bezüglich des Schützens und Abfederns eventueller Kind-Eltern-Konflikte. Hier zwischen Kind und Mutter.
- Und zum Abschluss: Denken Sie als Trennungsvater ebenfalls an die Formel, dass Vater und Mutter als Eltern eine Einheit bilden und demzufolge für das Wohl des Kindes am selben Strick ziehen, so zerstritten sie auf der Paarebene auch gewesen sein mögen.

Als langjährige Beziehungstherapeutin möchte ich hier noch einen Rat an beide Elternteile hinzufügen: Beschränken Sie vorläufig Ihre interne Kommunikation auf ein Minimum. Sie haben Ihre Absprachen getroffen, Ihr Wording vereinbart –

das Kindeswohl ist geschützt. Das genügt. Hüten Sie sich vor dem Wiederkauen Ihrer vergangenen Beziehung! Die Wunden sind zu frisch, längst ist noch nicht alles verarbeitet. Sie würden nur Streit auslösen und erneute Bitterkeit hervorholen.

Bleiben Sie sachlich und »oberflächlich« im Umgang miteinander. Zeit heilt. Auch Sie werden erleben, wie Ecken und Kanten sich allmählich abschleifen und eine gewisse gelassene Distanz Einkehr halten darf. Das wird eine gute und zuverlässige Grundlage dafür sein, wie Sie in Zukunft miteinander umgehen werden. Vielleicht werden Sie gar Freunde? Ich wünsche es Ihnen, Ihrem gemeinsamen Kind und Ihren neuen Partnerschaften.

## Nachhall: Wenn Frauen physisch oder psychisch verletzen

Im Fall von häuslicher Gewalt steht Männern als Tätern ein breites verhaltenstherapeutisches Angebot zur Verfügung, das ihnen zu einer kognitiven Restrukturierung verhelfen soll. Sie müssen nach entsprechenden Straftaten Deeskalationsstrategien üben, ein konstruktiveres Umgehen mit ihrer latenten Feindseligkeit erlernen, diese emotional allmählich (und hoffentlich) reduzieren.

Diesen Männern werden mit Rollenspielen die Grundlagen von Beziehungsarbeit beigebracht, sie werden dazu angehalten, offener über Minderwertigkeitsgefühle und Ablehnung, über eigene Bedürfnisse, Sorgen und Ängste vor Kontrollverlust zu kommunizieren. Immer mit dem Ziel, dass sie nicht mehr »explodieren«, sich rächen müssen, wenn sie sich von einer Partnerin infrage gestellt, abgewiesen und innerlich an die Wand gedrängt fühlen. Wie aber steht es um die zweite Tätergruppe häuslicher Gewalt?

Wie lange dauert es noch, bis enttabuisiert wird, dass häusliche Gewalt nicht nur männlich ist? Bis beide Gewaltformen, nämlich physische und psychische, als gleich(un)wertig erkannt werden? Wann endlich gibt es offengelegte Statistiken, Analysen und Forschungsergebnisse zu weiblicher Täterschaft? Wann wird bestätigt, dass, wenn Frauen Ohrfeigen verteilen, zwicken, beißen, Gegenstände nach Personen werfen etc., sie nichts anderes tun, als vorsätzlich körperliche Verletzungen auszuüben? Strafrechtlich gesehen sind diese »leichten« Tätlichkeiten zwar nicht erfassbar, aber aus soziopsychologischer Sicht durchaus mahnende Vorboten weiblicher Gewaltkriminalität.

Die Erklärung, dass Frauen viel weniger körperlich verletzen als Männer, ist nicht stichhaltig, da Tätlichkeiten grundsätzlich nicht gegeneinander aufgerechnet werden können. Zudem basiert die Aussage darauf, dass weibliche Gewaltausübung in der Regel wesentlich weniger offensichtlich, weniger dramatisch ist. Was keinesfalls zutrifft bezüglich psychischer Gewalt!

Gerade narzisstisch gestörte Frauen sind ausgesprochen erfinderisch in dieser Sparte. Sie können sticheln und spotten, ihre Partner demütigen, verniedlichen, entwürdigen, schikanieren, bevormunden, drangsalieren, manipulieren – kurz: emotional kastrieren. Immer in der unbewussten Absicht, mit einer derartigen Machtausübung ihr defizitäres Selbstwertgefühl steigern zu können. Was de facto nicht funktioniert, nicht funktionieren kann. Genau deswegen eskaliert diese Form weiblicher Gewaltausübung in Beziehungen, da nie zielführend. Eine Trennung oder Scheidung bedeutet also niemals ein Ende, einen Schlussstrich, sondern nur eine Verschiebung des Kriegsschauplatzes.

Völlig kontraproduktiv für die öffentliche Wahrnehmung ist dabei auch die Tatsache, dass Täterinnen allzu leicht als »Opfer« bezeichnet werden. Eine rachsüchtige Frau kann – ganz nach althergebrachtem Rollenklischee – glaubwürdig machen, dass sie, wie moralisch berechtigt, eine Art »Vergeltung« übte oder gar in »Notwehr« gehandelt habe. Eine sattsam bekannte Erklärung und Rechtfertigung ist, dass sie jahrelang mehr oder weniger still vor sich hin gelitten, da bei einem sie unglücklich machenden Mann ausgeharrt habe, bis es dann halt nicht mehr ging und sie »explodierte«. Übersehen wird dabei, dass ihr offensichtlich alle Mittel recht sind, um sich endlich an diesem sie nur noch frustrierenden Mann möglichst vernichtend zu rächen – selbst auf Kosten der gemeinsamen Kinder ... Die kaputte Paarebene lässt eine solche Frau ungebremst in die Eltern-Kind-Ebene schwappen, mit oftmals verheerenden Auswirkungen.

Wenn mit solchen Indizien bei den Vormundschaftsbehörden und Jugendämtern keine Alarmglocken rechtzeitig schrillen, keine wirklich gründliche Abklärung und keine sorgfältige familiale Exploration stattfindet, kommen solche Frauen und Mütter ungeschoren davon – und der Mann hat das Nachsehen, seine Kinder ebenfalls. Das beinhaltet aber auch, dass diese »leisen« Täterinnen keine wirklichen Interventionen auslösen. Nichts ändert sich, sie werden nicht gestoppt, im Gegensatz zu männlichen Tätern zu keinen Anti-Aggressions-Trainings oder sonstigen Hilfsprogrammen verpflichtet. In der Folge vereinsamen sie in einem emotional-destruktiven Verhaltensmuster ohne jede Aussicht ihrerseits auf eine verbesserte Lebensqualität und erfüllende Beziehung. Damit verbunden ist auch ein schlechter Vorbildcharakter für heranwachsende Mädchen und junge Frauen.

Fazit: Beim geringsten Verdacht auf männliche Gewaltbereitschaft erfolgen bei den zuständigen Behörden recht schnell Gefährdungsmeldungen von Verwandten, Nachbarn oder Freunden. Was aber geschieht bei weiblicher Gewaltausübung? Diese passt vorläufig in kein Denkschema, sie verbleibt im bequemen Dickicht der Dunkelziffern. Noch wird gerne vergessen, dass Gewalt, sei sie nun physisch oder psychisch, kein Geschlecht hat. Hier muss endlich und ebenfalls das Gleichstellungsprinzip gelten!

# Etwas mehr als ein Schlusswort

Mein Buch wendet sich an heterosexuelle Frauen und Männer. Keinesfalls ist dies gegenüber homosexuellen Paaren ausschließend gemeint – und schon gar nicht in Bezug auf ein Kind und dessen Wohl. Mir fehlte da schlichtweg der Stoff, also sowohl positiv wie negativ gefärbte Erzählungen und/oder Fallbeispiele. Aber was nicht ist …

Etliche Frauen werden die Thematik nicht mögen, das ist mir bewusst. Denn ich recherchierte und schrieb über weibliche Rachsucht und Gewalt, über gezielt böswilliges Verhalten und Vorgehen von Frauen. Es ist ein nach wie vor eher tabuisiertes Thema: Mütter, die das Kindeswohl sträflich vergessen, weil sie meinen, sie hätten so etwas wie ein moralisches Recht, ihren Ex zu bestrafen. Dass sie dabei auch noch die Gefühle und Rechte ihres Kindes missachten, wird zur *quantité négligeable.*

Frauen, die es kraft ihrer Persönlichkeit geschafft haben, aus der Trennung einen Erfolg zu machen, fanden *keinen* Eingang in dieses Buch. Da aber solche Frauen eindeutig Vorbildcharakter haben, möchte ich sie hier doch noch kurz erwähnen.

Es wäre ja möglich, dass diese Beschreibung jene Frauen und Mütter, die gerade dabei sind, sich in Rachegefühlen zu verstricken, dazu bringt, eine konstruktivere Gangart einzuschalten, sich zu besinnen und eventuell therapeutische Unterstützung aufzusuchen, um noch rechtzeitig aus einer drohenden emotionalen Negativspirale herauszufinden.

Dieser (glücklicherweise eigentlich geläufigere) weibliche Beziehungstypus mag in einer mehr oder weniger langen Partnerschaft gelebt haben. Die Trennung oder Scheidung erfolgte auf ihre oder auf die Initiative ihres Partners hin. Im gemeinsamen Einverständnis blieb die Obhut bei ihr, das Sorge- und Umgangsrecht wurde geteilt. Es gab ihrerseits keine größeren Unterhaltsstreitigkeiten. Nach einer – im Trennungsfall eigentlich obligaten – Phase des Schmerzes, der Trauer, Enttäuschung, Wut und schließlich Erleichterung hat diese Frau sich innerlich wieder stabilisiert, sich an ein Leben in einem verstärkten Mutter-Kind-System gewöhnt, neue Beziehungen aufgebaut, eventuell den Job und/oder das Umfeld gewechselt.

So kann sie mit der Zeit einigermaßen unbefangen, wenn auch distanziert, mit dem Expartner umgehen und die in der Beziehung und während der Trennung erlittenen Kränkungen allmählich wegstecken. Ihr Selbstwertgefühl war und ist entsprechend robust und erlitt keinen Schaden. Während der Ablösephase hat sie sich, auch rein emotional, darum bemüht, dem gemeinsamen Kind den Weg zum Vater nicht zu verbauen oder zusätzlich zu erschweren.

Das beinhaltet nach wie vor, dass sie sich in Hörweite des Kindes möglichst jeglicher Kritik an dessen Vater enthält, so schwer es ihr auch fiel und fallen mag. Dafür hat sie ihre Herkunftsfamilie und/oder ihren Freundeskreis, wo sie auch immer wieder ihr Herz ausschütten und den gelegentlichen Frust und Ärger abreagieren konnte und kann.

Sie bemüht sich darum, den Ex in all die wichtigen Ereignisse und Entscheidungen rund um das gemeinsame Kind einzubeziehen, ihm ohne Weiteres seine gelegentlichen (Erziehungs-)Nachlässigkeiten zu kommunizieren, ohne ihn aber deswegen zu beleidigen oder schlechtzumachen. Sie weiß, dass sie teilweise eine etwas undankbare Vermittlerrolle zu tragen hat, erkennt aber auch die Bemühungen ihres Ex um das gemeinsame Kind an. Und sei es manchmal zähneknirschend...

Diese Frau und Mutter darf immer wieder erleben, dass ihr die fair aufgeteilte elterliche Verantwortung eine große Entlastung und Freiheit verschafft – und das daraus resultierende Wohlsein sich auch auf das Kind und dessen Entwicklung überträgt. Zu Recht kann sie sagen: **»Wenn schon meine Zweierbeziehung kein Erfolg war, umso mehr wurde es die Trennung.«**

# Dank

Zu guter Letzt möchte ich noch ein großes Dankeschön an all diejenigen richten, die in irgendeiner Form an diesem doch ziemlich schwer verdaulichen Sachbuch mitgewirkt haben. Ich war echt froh über Unterstützung, Austausch, konstruktive Kritik, Geduld und haufenweise Motivation!

Merci beaucoup möchte ich hier auch Monika König vom Goldmann Verlag und ihrem engagierten Team sagen, Presse wie Vertrieb – und meinen Lektorinnen Dunja Reulein und Angelica Bahlke, die mich mit einer optimalen, dabei völlig stressfreien Zusammenarbeit verwöhnten.

Ein ganz besonderer Dank gebührt all den Trennungsvätern (und -müttern), die mir vertrauensvoll ihre Beziehungsgeschichten erzählt und zur Redaktion überlassen haben wie auch bestimmte Ausschnitte aus Gesprächen und Gruppensitzungen. Sämtliche Fallgeschichten wie auch die »Eingeschobenen Fragen an einen Trennungsvater« wurden anonymisiert und nur mit der ausdrücklichen Genehmigung der Betreffenden publiziert.

# Anhang

# Links

Einige weiterführende Links für Trennungsväter, die Information, Vernetzung und Austausch suchen – und auch für all die Frauen, die mehr in die Anliegen geschiedener/getrennter Väter eintauchen wollen:

**Deutschland:**

www.väterwiderstand.de
www.vaeter-fuer-gerechtigkeit.de
www.vaeter-helfen-vaetern.de
www.vaeterpolitik.de
www.vaeterradio.de
www.papa-ya.de
www.manndat.de

**Schweiz:**

www.vaterverbot.ch
www.doubtfire.ch
www.zwueschehalt.ch
http://fry-men.com/auszyg
(eher für Männer mit größerem Budget)
www.subitas.ch
www.vev.ch
www.swissdaddy.ch

www.antifeminismus.eu
www.maennerzeitung.ch

*... und für Väter, die den Kontakt zu ihren Kindern suchen:*
www.vermissedich.ch

**Österreich:**
www.vaterverbot.at

**Italien:**
www.papaseparati.it
www.padri.it

**Frankreich:**
www.sos-divorce.org
www.sos-papa.net
www.pptg.ch/pptg-accueil.html

**So sehen väterliche Rechte in England aus:**
www.dad.info/divorce-and-separation/fathers-rights-and-law/fathers-rights-to-see-their-children-law-in-the-uk

**Und hier eine Vernetzungs- und Unterstützungsmöglichkeit für jene Frauen, die mit einem geschiedenen Mann/einem Trennungsvater zusammen sind und mit ihm in einer eventuell belasteten Patchworkfamilie leben:**
www.donna2.ch/de

**Ein anschauliches Beispiel für missachtetes Kindeswohl und -recht:**

www.youtube.com/watch?v=gOCVtgOxf5E&feature=player_embedded

**Weiterführende Links für Informationen und Hinweise im Falle häuslicher Gewalt:**

http://bundesrecht.juris.de/bundesrecht/gewschg/
www.ebg.admin.ch/themen/00466/index.html
www.news.admin.ch/message/?lang=de&msg-id=19735
www.humanrights.ch/de/Schweiz/Inneres/Gewalt/Gewalt/idart_6019-content.html
www.haeuslichegewalt.ch

# Literatur


Badinter, Elisabeth: *Die Mutterliebe. Geschichte eines Gefühls vom 17. Jahrhundert bis heute*, München 1982.

Beck-Gernsheim, Elisabeth: *Das halbierte Leben. Männerwelt, Beruf, Frauenwelt, Familie*, Frankfurt am Main 1985.

Bly, Robert: *Eisenhans. Ein Buch über Männer*, München 1993.

Brazelton, Thomas B., Greenspan, Stanley u. a.: *Die sieben Grundbedürfnisse von Kindern. Was jedes Kind braucht, um gesund aufzuwachsen, gut zu lernen und glücklich zu sein*, Weinheim 2002.

Brizendine, Louann: *Das männliche Gehirn*, Hamburg 2010.

Brizendine, Louann: *Das weibliche Gehirn*, Hamburg 2007.

Dettenborn, Harry: *Kindeswohl und Kindeswille. Psychologische und rechtliche Aspekte*, München 2001.

Ebeling, Monika: *Die Gleichberechtigungsfalle: Ich habe mich als Gleichstellungsbeauftragte für Männer eingesetzt und wurde gefeuert*, Freiburg 2012.

Egle, Ulrich T., und Hoffmann, Sven O., u. a.: *Sexueller Missbrauch, Misshandlung, Vernachlässigung: Erkennung, Therapie und Prävention der Folgen früher Stresserfahrungen*, Stuttgart 2000.

Eliot, Lise: *Was geht da drinnen vor? Gehirnentwicklung in den ersten fünf Lebensjahren*, Berlin 2001.

Faludi, Susan: *Männer, das betrogene Geschlecht*, Reinbek 2001.

Farrell, Warren: *Mythos Männermacht*, Frankfurt am Main 1995.

Felder, Wilhelm, und Staub-Utiger, Liselotte: *Scheidung und*

*Kindeswohl – Ein Leitfaden zur Bewältigung schwieriger Übergänge*, Bern 2003.

French, Marilyn: *Jenseits der Macht. Frauen, Männer und Moral*, Reinbek 1985.

Freud, Anna: *Das Ich und die Abwehrmechanismen*, München 1964.

Gardner, Howard: *Der ungeschulte Kopf. Wie Kinder denken*, Stuttgart 1993.

Gardner, Richard A.: *The Parental-Alienation-Syndrome. A Guide for Mental and Legal Professionals*, Fresno, CA, 1992.

Grieser, Jürgen: *Der phantasierte Vater. Zu Entstehung und Funktion des Vaterbildes beim Sohn*, Tübingen 1998.

Gruner, Paul-Hermann, und Kuhla, Eckhard (Hrsg.): *Befreiungsbewegung für Männer. Auf dem Weg zur Geschlechterdemokratie*, Gießen 2009.

Herriger, Catherine: *Männer weinen nicht*, München 1991.

Herriger, Catherine: *Bis dass der Tod euch endlich scheidet*, München 1992.

Herriger, Catherine: *Wandervögler. Warum Männer unbedachter fremdgehen*, München 2011.

Hirigoyen, Marie-France: *Die Masken der Niedertracht. Seelische Gewalt im Alltag und wie man sich dagegen wehren kann*, München 2002.

Hofer, Markus: *Kinder brauchen Väter. Söhne und Töchter über ihre Väter*, Kevelaer 2001.

Jungnitz, Ludger: *Gewalt gegen Männer: Personale Gewaltwiderfahrnisse von Männern in Deutschland*, Leverkusen 2007.

Kavemann, Barbara: »Zur Debatte um Männer als Opfer und Frauen als Täterinnen häuslicher Gewalt«, in: Frauenhauskoordinierung e.V. (Hrsg.): *Sonderinfo 6 zum Aktionsplan der Bundesregierung zur Bekämpfung von Gewalt gegen Frauen*, Frankfurt am Main. 2003.

Kremkau, Barbara: *Häusliche Gewalt gegen Männer – Ein Soziales Problem?*, München 2010.

Lamb, Michael: *The Role of the Father in Child Development*, New York 1997.

Langner, Vera M.: *Die etwas andere Familie. Über das Zusammenleben von Stiefeltern und Stiefkindern*, München 1996.

Matussek, Matthias: *Vaterlose Gesellschaft. Überfällige Anmerkungen zum Geschlechterkampf*, Reinbek 1998.

Mechsner, Franz: *Die Erforschung des letzten Kontinents. Aktuelle Ergebnisse der Hirnforschung*, hrsg. von Gmelin, Burkhard, Nürnberg 2004.

Metzner, Rainer: *Die Prominenten im Neuen Testament: Ein prosopographischer Kommentar*, Band 66 von Studien zur Umwelt des Neuen Testaments, Göttingen 2008.

Montessori, Maria: *Kinder sind anders* (1936), hrsg. von Helming, H., Stuttgart 1992.

Peschel-Gutzeit, Lore M.: *Das Recht zum Umgang mit dem eigenen Kinde. Eine systematische Darstellung*, Berlin 1989.

Petri, Horst: *Das Drama der Vaterentbehrung*, Freiburg/Basel/Wien 1999.

Piaget, Jean: *Nachahmung, Spiel, Traum*. Gesammelte Werke Band 5, Stuttgart 1989.

Schäfer, Gerd E.: *Bildungsprozesse im Kindesalter. Selbstbildung, Lernen und Erfahrung in der frühen Kindheit*, Weinheim/München 1995.

Schickhardt, Christoph: *Kinderethik: Der moralische Status und die Rechte der Kinder*, Münster 2012.

Schmerl, Christiane: »Wann werden Weiber zu Hyänen?«, in: Dausien, Bettina u. a. (Hrsg.): *Erkenntnisprojekt Geschlecht*, Opladen 1999.

Schmidbauer, Wolfgang: *Mobbing in der Liebe – wie es dazu kommt und was wir dagegen tun können*, München 2009.

Schwithal, Bastian: *Weibliche Gewalt in Partnerschaften: Eine synontologische Untersuchung*, Books on Demand, 2005.

Koch, Claus, und Strecker, Christoph: *Kindern bei Trennung und Scheidung helfen. Psychologischer und juristischer Rat für Eltern*, Landsberg 2011.

Spitz, René: *Vom Säugling zum Kleinkind. Naturgeschichte der Mutter-Kind-Beziehungen im ersten Lebensjahr*, Stuttgart 1969.

ten Hövel, Gabriele: *Liebe Mama, böser Papa. Eltern-Kind-Entfremdung nach Trennung und Scheidung: Das PAS-Syndrom*, München 2003.

Theunert, Markus: *Co-Feminismus*, Bern 2013.

Westhoff, Karl; Terlinden-Arzt, Patricia u. a.: *Entscheidungsorientierte psychologische Gutachten für das Familiengericht*, Heidelberg 2000.

Wolff, Stefan: *Wie Phönix aus der Asche. Kraft-Rituale für Männer*, München 2011.

# Quellen

1 Quelle zur Studie unter: http://www.pewsocialtrends.org/2013/06/14/the-new-american-father/

2 Ich führe hier noch die Websites der mit Oliver Hunziker verbundenen Institutionen an, für all die Leser und Leserinnen, die sich zusätzlich informieren möchten:

- »Zwüschehalt«, das erste Väterhaus der Schweiz, mehr auf www.zwueschehalt.ch
- Verein für verantwortungsvoll erziehende Väter und Mütter (VeV), mehr auf www.vev.ch
- Schweizerische Vereinigung für gemeinsame Elternschaft (GeCoBi), mehr auf www.gecobi.ch

3 Siehe dazu auch den Aufsatz der Mitglieder des Sprecherkreises »Kölner Fachkreis Familie«, unter: http://www.zpanwaelte.de/fileadmin/user_upload/publikationen-vortraege/rain-monika-fink-pluecker/2005-06das-cochemer-modell.pdf.

4 Siehe dazu: http://www.kid-verlag.de/kiko.htm

# Register